O GARÇOM B

Alma de Assis

O Garçom B

o diário verídico de um amor sadomasoquista

Editora Rosa dos Tempos

CIP-Brasil. Catalogação-na-fonte
Sindicato Nacional dos Editores de Livros, RJ.

Assis, Alma de
A865g O garçom B: o diário verídico de um amor sadomasoquista / Alma de Assis. – Rio de Janeiro: Record: Rosa dos Tempos, 1998.

1. Sadismo. 2. Perversão sexual. 3. Relações sexuais. I. Título. II. Título: o diário verídico de um amor sadomasoquista.

CDD – 306.7
98-0167 CDU – 392.6

Direitos exclusivos de publicação desta edição
adquiridos pela
EDITORA ROSA DOS TEMPOS
Um selo da
DISTRIBUIDORA RECORD DE SERVIÇOS DE IMPRENSA S.A.
Rua Argentina 171 – Rio de Janeiro, RJ – 20921-380 – Tel.: 585-2000

Impresso no Brasil

ISBN 85-01-05210-8

PEDIDOS PELO REEMBOLSO POSTAL
Caixa Postal 23.052
Rio de Janeiro, RJ – 20922-970

Isto não é um livro de ficção pornográfica. Foi totalmente extraído das páginas de um diário; é rigorosamente verídico.

Nomes de pessoas e lugares foram omitidos ou alterados. A autora recebeu ameaças de morte do Sr. B e, posteriormente, foi indiciada pela esposa deste, constando esta história dos autos de um distrito de polícia.

"A todas as santas esposas desses honrados cidadãos e respeitáveis chefes de família, que contudo conseguem ocultar de suas mulheres e da sociedade a verdadeira face de sua identidade sexual."

Prefácio

OS CAMINHOS DO DESEJO

Desde as primeiras linhas o texto de Alma de Assis nos envolve e rapidamente somos conduzidos ao coração da trama: a paixão sadomasoquista. A expressão *pathos*, de origem grega, pode significar tanto paixão quanto doença, dependendo da interpretação. O texto de Alma igualmente, como um texto literário, abre diante do leitor um leque de possibilidades interpretativas sendo difícil manter, frente a ele, uma postura de *apatia* — estado de indiferença, distante ou imune às paixões. O texto, apaixonado, convoca o leitor a uma tomada de posição: vítima, algoz, cúmplice, qual a posição de Alma aos olhos de seus leitores?

Alma propõe-se a desnudar o caso que considera um amor sadomasoquista e a conhecer seu parceiro, tentando desvendar-lhe os segredos e as mais íntimas motivações. O garçom B é associado em seu relato a Casanova e a Don Juan, talvez pelo componente da sedução e do aparente movimento de suas conquistas. A nosso ver, no entanto, sua encenação se aproxima mais da ficção apresentada pelo Marquês de Sade, pela repetição insistente das torturas físicas e morais. Mas, ao contrário de Alma, as vítimas de Sade conservam a beleza e a indiferença, superando o limite da dor, evitando o desgaste, mantendo-se belas. Elas atingem a condição de *apatia*, guardando uma prudente distância das paixões.

Neste livro, ao contrário, as cenas se sucedem, enredando o leitor num clima de suspense: até onde chegarão os amantes, qual será o desfecho de uma paixão tão intensa e destrutiva? Curiosamente, Alma nos encaminha a um questionamento paralelo igualmente frenético. Nós a acompanhamos em sua busca de ajuda nos consultórios de psiquiatra e psicanalistas — entre os quais o dr. Z, seu mais freqüente interlocutor —, em sessões esotéricas, consultas a tarólogas e cartomantes e até mesmo a sessões de regressão às vidas passadas.

Enquanto encaminha dúvidas e questionamentos aos especialistas que visita, tentando vasculhar as motivações do amante — motivações que se tornam claras dada a linha padronizada de sua atuação —, deixa entreaberta, apenas esboçada, a questão mais interessante de toda a trama: sua própria implicação na história, os caminhos do desejo e a fantasia fundamental que dá sustentação e continuidade à relação.

As fantasias de espancamento são freqüentes no universo infantil. Nelas o desejo de ser amada pelo pai, por exemplo, aparece sob a peculiar representação do *ser espancada* ilustrando a precariedade da condição humana em sua origem. Um dia fomos totalmente dependentes, submetidos à vontade e aos cuidados de um outro sem o qual não teríamos condições de sobreviver. Vestígios dessa condição deixariam, em todos nós, um núcleo masoquista mais ou menos visível.

No texto de Alma, podemos encontrar fragmentos de inspiração masoquista na adolescência e em relações amorosas que antecederam seu encontro com B. Esse encontro, no entanto, é marcante tanto pelo encaixe sadomasoquista quanto pela reunião, que promove na própria Alma, dos componentes, antes dispersos, de sua peculiar sexualidade.

Nesse sentido é interessante notar que, uma vez iniciado o envolvimento, a questão amorosa assume amplas proporções absorvendo os demais interesses, o trabalho artístico, concentrando praticamente toda a motivação existencial da autora. Talvez por isso, Alma dê o nome de amor ao seu encontro com o garçom B. Talvez por isso fique atrelada a esta relação e dependente dela para obter satisfação. Talvez por isso a distância de B lhe aponte a total solidão. Longe de B... longe de si mesma...

SANDRA PAES BARRETO EDLER
Mestre em Teoria Psicanalítica pela UFRJ.

Noite dessas assisti no vídeo a *Klute*, filme com Jane Fonda. Não me teria chamado maior atenção que outros no gênero, não fosse por um detalhe: a personagem de Jane, uma prostituta, faturava por ano cerca de 700 a 800 clientes, e tinha que reconhecer um antigo freguês, então desaparecido. O homem tinha passado por ela há dois anos, e dele apenas uma única referência: tratava-se de um cliente que batia nela. Imediatamente a mulher soube de quem se tratava, e foi com pânico que trouxe o nome dele à tona.

Tive, então, a arrasadora compreensão do fato. Como a prostituta do filme, tinha cruzado com um tipo raro de maníaco sexual, um espancador de mulheres.

A diferença é que não tive experiência sexual com um número de homens sequer parecido ao da personagem da fita, nem sou prostituta. A semelhança é que, como no filme, a esposa do psicopata não tem o menor conhecimento de seus crimes sexuais. Ele se comporta adequadamente em sociedade e no seio familiar.

A personagem de Jane Fonda cala-se; é da sua profissão satisfazer e acobertar os instintos de seus clientes. B não foi meu cliente. Eu me apaixonei por ele e satisfiz seus instintos. Não vou acobertá-los; eu podia estar no lugar da esposa dele, minha filha podia estar no meu lugar. Que Deus as proteja.

O restaurante Dom G é o ponto de caça do garçom B. Ele elege a cliente da noite, e seduz a vítima com seus olhares impiedosos. Piscadas são os mísseis, precisos, infalíveis, mas lançados apenas quando a presa já foi abatida, ou quase. Não pode arriscar demais, afinal está em seu próprio ambiente de trabalho. Deve ter escolhido esse como o local de suas conquistas pelo motivo óbvio: aí ele tem acesso aos mais variados tipos de mulher, o que lhe garante maior margem de ação, bem como mais tranqüilidade. Ele fica exposto, cumpre um papel gentil junto às freguesas e elas voltam se quiserem. Ao contrário da maioria dos maníacos, ele não precisa abordar suas vítimas no terreno delas, elas vêm até ele e, infalivelmente, dão o sinal para ele prosseguir. Ou não.

Segundas e terças ele usa aliança na mão esquerda, é casado; nas quartas ou quintas o anel passa para a direita, é noivo e, finalmente, nos finais de semana — quando então o fluxo da clientela feminina é mais intenso — o garçom B é solteiro: não usa qualquer aliança.

— Pinta muita mulher no restaurante. Mas não me envolvo com clientes, eu seleciono muito —, disse-me certa noite.

Sem dúvida, deve pintar. Trata-se de um belo homem. Viril, moreno, sedutor, deve ser relativamente fácil para ele selecionar suas "clientes". Só que o tipo de seleção que faz é estranhamente particular, como descobri certa noite, porém já era muito tarde.

Por ora, era eu a vítima. Como todas as vítimas, devo ter me sentido lisonjeada, pois, como já disse, trata-se de um homem especialmente belo e viril. Desde a primeira vez que pisei no restaurante, o garçom B não tirou os olhos dos meus. Não "disparou" mísseis, mas disparou meu coração; sendo a vítima, não o olhei com olhos de vítima, olhei-o com os olhos de uma mulher. Esse erro foi fatal.

Julho de 1994.

Sou a filha do meio, entre cinco irmãs. Tive um pai violento e repressor, não brincava com meninos, estudei sempre em colégios de freiras. Minha mãe era narcisista e omissa, por isso quem cuidava de nós era minha irmã mais velha, instruída pelo meu pai. Assim, além de sofrer o domínio dele, sofri também o domínio intenso de minha irmã. Foi ela quem me contou como se faziam bebês e que um dia eu ia menstruar. Passei a infância inteira com medo profundo de meu pai, que freqüentemente batia na minha mãe e quebrava objetos durante suas crises de raiva.

Durante muitos anos, tudo que eu quis na vida foi libertar-me de meu pai.

Eu era uma menina quieta e tímida, vivia presa ao meu mundo de fantasias.

Já na adolescência, comecei a me entregar às paixões platônicas, e essa entrega, de toda ordem, foi a tônica de toda minha vida, assim como a paixão pela arte. Aos 15 anos, entrei para um grupo de teatro amador, e julguei ter-me encontrado. Nos ensaios da peça, apaixonei-me por um dos atores. Tudo, porém, foi por água abaixo com a proibição do meu pai; ele não admitia eu sequer pensar em teatro, sua mãe fora cantora lírica e ele morria de vergonha. Acreditava que teatro era coisa de prostituta e maconheiro.

Frustrada, e extremamente deprimida, tentei o suicídio com remédios para dormir, comprados, sem receita, numa farmácia. As duas paixões frustradas, o teatro e o rapaz, me aniquilaram. Mas sobrevivi.

Fui uma adolescente problemática, passei esse período escrevendo diários e poesias apaixonadas. Apaixonei-me platonicamente com freqüência até que, aos 16 anos, comecei a namorar JE, um rapaz de 17 anos, com quem fiquei aproximadamente três anos e quase me casei.

Na época, perdi a virgindade; eu não usava anticoncepcionais, era tão irresponsável que sequer pensava na hipótese de engravidar. De fato, não engravidei, apesar das sessões diárias de sexo — nosso relacionamento era baseado nisso —, porque, como vim a saber mais tarde, quando estava para engravidar de minha filha, eu tinha um problema no colo uterino, o que dificultava a gravidez.

O período de namoro foi feliz, a atividade sexual ocupava todo o meu tempo, estávamos sempre transando, por todos os cômodos da casa, sob as vistas grossas de minha mãe; eu desenvolvi uma urgência sexual que me acompanhou praticamente por todos os períodos de minha vida. Mas algo sucedeu aos três meses de namoro: JE resolveu terminar, porque dizia se sentir preso, achava-se novo demais para um compromisso.

Entrei em depressão outra vez, eu queria morrer. Não poderia viver sem nosso amor e sem nossa atividade sexual. Talvez ele estivesse cansado disso. O fato é que não sei o que teria sido de mim se uma semana depois ele não voltasse arrependido e não retomasse a relação. Novamente estávamos juntos, mas então, até o fim daquele namoro, algo estranho aconteceu comigo: desenvolvi um desejo intenso de ser prostituta.

Sentia uma atração mórbida por todos os homens que me

abordavam na rua, qualquer um; eu queria entrar em seus carros e me prostituir. Contudo, nunca o fiz. Ao contrário, procurei ajuda de um padre, pois meu pai não pagaria um psiquiatra para mim. Ele sequer sabia que eu namorava, e se não pensou em me levar a um terapeuta quando tentei o suicídio, não haveria de ser agora, que nada demais tinha acontecido. As conversas com o padre não estavam surtindo efeito, eu sequer conseguia falar do que me afligia, então logo desisti. Para terminar com esses pensamentos obsessivos, só vi uma saída: terminar o namoro. Deu certo. Voltei ao normal.

Eu estava com 18 anos. Meu pai, nessa época, começava a enriquecer com o ramo de motocicletas. Minha vida era farta e sem problemas. Também sua violência já não nos afetava tanto, ele estava mais distraído agora com as coisas que podia comprar, reforma da casa etc.

Comecei a sair à noite, sempre escondida de meu pai, e vivi algumas aventuras amorosas. Até que, aos 19 anos, conheci PN, e me apaixonei outra vez. Namoramos três meses e depois ele partiu de volta para sua cidade natal, era primo de minha melhor amiga e tinha ficado aqui durante as férias. Não me conformei e fugi de casa atrás dele. PN era drogado e não me quis mais, apesar de eu o amar intensamente e de ele jurar amor por mim.

Quando regressei à minha cidade, fui expulsa do colégio onde estudava, pois a madre superiora descobrira minha fuga. Disse que eu era um mau elemento. Eu fazia então o curso de magistério em educação artística, estava no terceiro ano. Meu pai, por sua vez, muito ofendido, desistiu de pagar meus estudos. E fiquei só, com intensa depressão. Pensava obsessivamente em suicídio. Meu pai fazia tortura mental comigo quando estávamos a sós; me acuava num canto e vociferava que eu era louca, a louca da família; ele chegava a espumar nessas ocasiões, dava medo. Eu pensava que ele ia me matar, a mesma sensação que me acompanhou durante a infância, o medo de que meu pai me matasse.

Em todo caso, eu ia me matar, esse era meu plano. Mas fui me distraindo, enquanto escrevia a história de meu romance com PN, e também enquanto pintava, minha nova paixão. Fazia um curso de pintura, sentia que essa era minha vocação.

Nessa época, comecei a fumar maconha e a beber.

Saía muito e tinha aventuras amorosas, era a única coisa que me tirava da depressão.

Aos 20 anos, em 1977, recuperada da depressão e da paixão por PN, mas viciada em maconha, fugi de casa outra vez; fui para outro estado, tentar fazer teatro. A pintura ficou abandonada. Fiquei lá três meses, morando num quarto, pago com o dinheiro que meu pai achou por bem me mandar todo mês. Não conseguia emprego, em todos os lugares que fui buscar trabalho só levava cantadas grotescas, eu vivia assustada, e também não tinha dinheiro para fazer um curso de teatro. Mas mesmo assim estava feliz, me sentia livre. Então encontrei LT, apaixonei-me e casei.

Era 13 anos mais velho que eu, ator e produtor de teatro. Fomos para outra cidade, onde ele estava apresentando uma peça, e ficamos por lá três meses, morando num hotel. Larguei a maconha e a bebida, estava feliz; LT prometia que faria de mim uma atriz, eu acreditava nele. Prometia-me uma casa, uma vida boa.

Mas não era bem assim: a peça não deu certo, LT era pobre, voltamos para minha cidade, onde ele também morava, e começamos a viver em casa de amigos.

Logo eu engravidei, e depois que minha filha nasceu, em 1979, fomos viver na casa dos pais dele, numa cidadezinha próxima. Tive conflitos com minha sogra, e logo voltamos à cidade, dessa vez para morar num apartamento alugado. Comecei a estudar teatro e LT montava várias peças, todas ao mesmo tempo, atuando e dirigindo. Eu estava muito apaixonada e feliz.

Até que meu segundo filho nasceu. As dificuldades financeiras tornaram-se incontornáveis, éramos sustentados integralmente pela minha família, e minhas relações com meu pai, que já não eram das melhores, pioraram ainda mais.

Mudamos novamente, dessa vez para uma casa. LT não queria mais saber de sexo, tinha enjoado de mim. Ou pior, parecia que tinha nojo. Ofendeu-me várias vezes na cama, dizendo que eu "cheirava mal", que eu tinha furor uterino, que era doente. Talvez o verdadeiro motivo fosse que agora eu era mãe. Se a coisa já piorara quando tive minha filha, agora se agravava muito. Ele queria que eu, aos 23 anos, vivesse uma vida conjugal sem sexo.

Em 1981, apaixonei-me por um amigo de LT, IV. Ele me dava atenção e passava horas conversando comigo. Além disso, parecia muito viril. Era só um amor platônico, não tive nada com ele, também era casado.

Contei a LT do meu amor, não queria mentir para ele, nós havíamos feito um pacto de sinceridade, e eu acreditei nesse pacto. A partir daí, ele passou a ser violento comigo, começou a me bater. Também voltou a fazer sexo sempre fantasiando que eu estava com o amigo. Quando IV voltou para sua cidade, LT novamente deixou de me procurar.

Meses depois, já recuperada dessa paixão infeliz, resolvi ter um amante. Sempre que LT viajava, recebia JL — um colega do curso de teatro — em minha cama enquanto as crianças dormiam. Ele era um amante maravilhoso, eu me sentia mulher outra vez. Mas foi só um caso, não tivemos um compromisso sério.

Em 1982, conheci outro ator, trabalhávamos juntos numa

peça dirigida por LT. Ele era 6 anos mais novo que eu, e me apaixonei perdidamente. Separei-me mesmo contra a vontade dele e FR veio viver comigo.

A tônica desse novo casamento foi o sexo intenso. Tínhamos um grupo de teatro infantil e fizemos sucesso, ganhamos dinheiro. Mas o sexo entre nós foi se tornando uma coisa perigosa: começamos a apelar para as fantasias, cada vez mais sem limites. Muitas vezes, ele costumava me amarrar na cama e me possuía usando um capuz negro, como se fosse um torturador. Creio que essa fantasia e outras começaram a acionar minha depressão. Além disso, eu sentia muito ciúme dele. Comecei a ter anorexia, simplesmente não conseguia mais engolir alimentos sólidos. Alimentava-me de líquidos, emagreci muito. Procurei ajuda terapêutica, mas não obtive qualquer melhora.

Reencontrei JL e comecei a trair FR, sem nenhum motivo. E outra vez, agora para me livrar da anorexia, precisei me separar. Deixei FR em 84. O grupo de teatro ficou com ele; arrumei um emprego como atriz e comecei a viajar. Fui morar sozinha, no centro da cidade. Meus filhos ficaram com LT. Voltei a comer alimentos sólidos e a devorar doces.

Entre os muitos casos que passei a ter, não resisti mais ao cerco de meu cunhado, marido de uma irmã, e me tornei sua amante. Eu não estava apaixonada por ele, mas não conseguia mais lhe dizer não. A maior parte do tempo, eu viajava com a peça. Quando estava na cidade, muitas vezes meus filhos dormiam lá em casa, mas o fato é que eu não estava mais com eles. Atravessava noites em bares, bebendo.

Conheci GL, um ator, e me apaixonei por ele. GL apenas me usava sexualmente. Nessa época, comecei a tornar-me uma espécie de escrava sexual dos homens com quem me envolvia. Estava ali para satisfazer suas fantasias, sem me importar muito com as minhas. Entregava-me inteira sem nada receber em troca, sobretudo com GL. Terminei o caso com o cunhado, mas com GL, meu parceiro mais assíduo, desci todos os degraus. Cheguei a dormir com ele e mais um amigo, ao mesmo tempo. Depois dessa noite, fiquei um dia sem poder falar, não conseguia articular as palavras. Acho que foi violência demais para mim, mas GL desejava muito essa experiência. Eu fazia tudo que ele queria, eu o amava, queria agradá-lo e, sobretudo, não queria perdê-lo.

No final de 1984, voltei para a casa de minha mãe, que passou a me sustentar desde então. Meu pai havia ido embora, casou-se com outra mulher mais jovem. Todo o dinheiro que ele ganhava, e agora era muito, usava para satisfazer os caprichos dessa nova mulher. Meus filhos voltaram a ficar comigo, e isso foi motivo de grande alegria. Comecei a freqüentar um curso de pintura, e agora tinha um ateliê dentro de casa, só meu.

Continuava a sair quase todas as noites, deixando meus filhos com minha mãe. Não conseguia parar e perceber as necessidades deles, e tudo que eles queriam era a minha companhia, mas eu os abandonava para me encontrar com meus amantes. Com GL, ia freqüentemente para a praia, no apartamento da família dele, e passava dias inteiros ouvindo-o falar de si próprio, ouvindo suas angústias, inclusive suas paixões por outras mulheres, aconselhando-o e esperando que ele sentisse amor por mim, e sobretudo satisfazendo suas mais loucas fantasias eróticas.

Fui demitida da peça que fazia, era uma péssima atriz. Tinha engordado alguns quilos e resolvi fazer uma dieta à base de anfetaminas. É claro que me viciei. Continuei com elas durante vários meses, até 1985. Prossegui com os casos amorosos, muitos de uma noite apenas, profundamente insatisfatórios. GL, de vez em quando, ficava comigo. Só quando lhe dava na telha. No auge do desespero, quando tudo estava dando errado, amores e sobretudo a dependência química, procurei um psicanalista, dr. Z. Cheguei ao seu consultório vestida de negro, com uma camiseta rasgada, lábios e unhas negras, cabelo branco com corte *punk*, um crucifixo no peito. Não parava de falar. Essa imagem assustou-o, por isso me lembro dela.

A primeira coisa que ele fez foi arrancar de minhas mãos o vidro de anfetaminas. Em seguida, receitou um antidistônico. Iniciei, assim, a terapia que, com algumas interrupções, durou até 1994.

Por não conseguir mais emprego em teatro, comecei então a faculdade de artes cênicas e a trabalhar num bar, à noite.

Em 1986, o dr. Z me aconselhou a fazer a escolha: teatro ou pintura. Para se derrubar uma árvore, disse ele, é preciso bater com o machado sempre no mesmo lugar. Decidi pela pintura. Dirigi uma peça, e então abandonei para sempre o teatro, largando inclusive a faculdade.

Comecei a trabalhar com minha madrasta; à noite sempre pintava. Levava uma vida calma, sem casos amorosos, quando minha irmã descobriu o caso com meu cunhado. Tentei o suicídio outra vez, ingerindo todos os remédios que tinha em meu poder: eu estava me tratando com antidepressivos e ansiolíticos. Fui parar no hospital, mas sobrevivi. Vivi então um período de solidão intensa, saí do trabalho, a família me isolou como se eu fosse uma leprosa. Minha irmã continuou casada, mas na época rompemos relações. Eu não saía mais de casa.

Em 1987, comecei a melhorar. Larguei os remédios, não me tratava mais com um psiquiatra contínuo, apenas fazia terapia. Entrei para a faculdade de Belas-Artes. Fiz uma exposição de pinturas e participei de salões de artes.

Estudava e trabalhava como estagiária num museu. A

terapia ia bem, eu pensava que tinha aprendido a lidar com o lado afetivo e que o próximo relacionamento ia dar certo.

Apaixonei-me por LB, um colega da faculdade. Fazia muito tempo que não tinha relações sexuais e queria que fosse com LB. Mas depois de muitos meses de amizade e flerte, finalmente dormimos juntos; ele revela então que não quer envolvimento comigo.

A depressão veio muito forte, eu me revoltei contra o dr. Z. Ele me fez acreditar que da forma como agi com LB, primeiro nos conhecendo, deixando o sexo para depois, ele ia ficar comigo. Isso não aconteceu e fui ao fundo do poço. Para sair da depressão, voltei a beber e passei a ter vários casos amorosos ao mesmo tempo. Os antidepressivos também voltaram a fazer parte da minha vida, dessa vez para sempre. Enquanto isso, pintei muito e participei de salões, mas minha pintura estava triste, trágica.

Em 1988, conheci S, um rapaz bem mais jovem: ele só tinha 17 anos. Apaixonamo-nos e vivemos um amor intenso por seis meses; eu estava lúcida e feliz, a pintura estava ótima, fiz exposições, inclusive uma individual.

Até que ele, provavelmente por conta da idade, deixou de me amar. S queria novos horizontes. O dr. Z já me prevenira: para mim, era o amor definitivo, para ele era apenas o primeiro amor de sua vida. Era natural, mas eu entrei em parafuso, minada pelas nossas constantes separações, pelas suas constantes mudanças de idéia. Ao fim de tudo, fui internada num sanatório, para me proteger do suicídio, única idéia que tinha na cabeça.

Em 1989, abandonei a faculdade. Conheci A num bar onde ele trabalhava como segurança e ele se apaixonou por mim. Começamos a namorar, mas tudo só durou 40 dias, pois eu estava com fobia de tudo acontecer como foi com S: A tinha só 21 anos.

Abandonei A e, desesperada, fui ao consultório de um grande psicanalista, o dr. K. Contei meu drama e ele disse que meu caso era gravíssimo, de vida ou morte, que não sabia se tinha cura.

Não podia pagar o tratamento de quatro sessões semanais, então continuei no dr. Z. Ele dizia que minha neurose podia se resumir numa frase: ou você me ama ou eu me mato.

Deixei A e fiquei mal. Não conseguia mais engolir os remédios, não podia comer mais. Internei-me às pressas numa clínica, de meu novo médico, um neurologista que cuida da depressão. Na clínica, finalmente recebo o diagnóstico correto de minha doença: depressão bipolar, mais conhecida como psicose maníaco-depressiva. Tratam-me com lítio e tricíclicos, além de um sedativo.

Saí da clínica depois de um mês, mas nunca mais pude tomar remédios sem amassá-los. Estava radiante, queria recomeçar a vida ao lado de meus filhos. Perguntei a eles se ainda dava tempo. Eles me receberam amorosamente. Dediquei-me à pintura, estava numa fase criativa, meu tema agora eram os contos de fada, que dedicava a meus filhos.

Contudo, voltei a sair à noite, sempre com minha irmã mais velha. Conheci um escritor e me envolvi com ele. Isso foi em 1990. Ele logo não me quis mais e não saí mais de casa. Tinha dificuldade para falar, não articulava direito as palavras, perdia os reflexos, levava tombos, além da dificuldade de engolir a comida. Atravessava noites inteiras sentindo pânico, medo de morrer.

Em 1991 estava melhor, minha pintura entrava numa fase abstrata, linda, abandonei as figuras trágicas e densas. Fiz uma exposição, mas sem sucesso. A verdade é que não ganhava nada com o meu trabalho.

Meu pai morreu em 1992. Eu estava com 35 anos. Conheci AM numa exposição e me apaixonei loucamente, logo de cara. Tivemos um caso, mas ele não quis envolvimento, foi francamente agressivo ao me dizer isso. Senti que me desprezava ao amá-lo. Fiquei enredada nessa paixão; entrei para um ateliê de gravura, só para estar perto de AM, que trabalhava lá.

Acho que a loucura vinha devagar, pois simplesmente não aceitava que AM não me quisesse, fantasiava o tempo todo que ele estava comigo. Parei de pintar. Passava os dias no ateliê, gravando furiosamente. Expus as gravuras em 93; o fato de não ter nenhum retorno financeiro com a arte vai me minando, aos poucos vou desistindo dela.

Nesse período, recebi a herança de meu pai, que não foi muito. Não pensei no futuro, sofria compulsão por sair gastando o dinheiro em roupas, vaidades, sem pensar em nada, nem nos filhos, nada. O dr. Z me alertava, mas não adiantava. Aos poucos fui esquecendo AM. Comecei a fazer terapia de grupo no consultório do dr. Z, pois estava muito melhor.

Acabei me envolvendo com VD, um garoto que estava interessado no meu dinheiro. Acreditei nas juras de amor e, quando ele se revelou, fiquei muito mal. Fui internada num hospital, onde recebi grandes doses de remédios.

Assim que me recuperei, comecei a transar com vários homens. Até que me deitei com RB e fiquei enredada. Ele era carinhoso e meigo. Mas não quis se envolver comigo. A decepção foi profunda, e comecei a ficar esquisita outra vez; deixei o dr. Z e iniciei análise com o dr. K. Ele perguntou-me se eu estava lá para tentar encontrar o grande amor. Queria pelo menos voltar a pintar, já que nem isso eu conseguia mais. Também não conseguia mais gravar. Tudo perdera a graça.

Raramente ia ao ateliê de gravura.

Nesse período, vivia de fantasias amorosas e sexuais. Foi quando comecei, também, a me tratar com uma parapsicóloga, com quem mais tarde faria terapia de vidas passadas.

Em 1994 fiz novas amizades: com L, uma garota que conheci no ateliê de gravura, com TY e M, mães de duas amigas de minha filha e minhas vizinhas, e com Y, uma outra vizinha.

No início do ano, fiquei sabendo que B, um garçom lindo, estava trabalhando de novo no Dom G, um restaurante ao lado de minha casa. Ele trabalhara lá em 1992, na inauguração da casa, e depois sumira.

Agora estava de volta, eu soube por minha filha. Fui lá e conferi. Mal o vi e me apaixonei.

Fevereiro a março de 1994

Estou no consultório do dr. K. Ele é psicanalista. Faço análise desde dezembro, quatro sessões semanais, divã, aquela terapia de choque. Freudiana. Fiz nove anos de análise com o dr. Z, mas era diferente, era mais suave. O dr. K me dá vontade de vomitar, minha bexiga enche durante as sessões, não agüento isso aqui! Mas devo continuar.

Ele fala do garçom que amo platonicamente:

— Você vai lá no restaurante mas vem aqui também. Um pé lá e um pé cá. Talvez nem tudo esteja perdido.

— O que há demais em querer o garçom?

— Você sabe o nome dele?

— Sei. É B.

— Sabe se ele é casado? Se olha todas as freguesas que vão no restaurante?

— Um homem não pode se interessar por mim?

— Você acha que o garçom vai salvar você?

O dr. K era cínico! Um japonês muito cínico! O japa zombando:

— Ai! Me dá o endereço desse restaurante! Vou lá ver se o garçom olha pra mim também! Quero ver se ele me salva!

Por que o dr. K invocou com B? Ele é um homem bonito, e parece tão interessado! Não pára de me olhar! Bem, tem vezes que não olha. É uma coisa interessante: se vou e fico de pé no balcão, se vou só comprar alguma coisa, ele não me olha, passa reto. Mas se vou e sento numa mesa, então a coisa muda: ele não tira os olhos. Será que é porque fica mais reservado? De pé, no balcão, sempre tem tanta gente em volta. Na mesa a coisa fica mais discreta; estou ali, mesmo sem estar sozinha, e então ele olha, tem cara de tarado, tem olho de tarado, isso me enlouquece! Será que sou tarada?

A primeira vez foi com minha família. Fomos todos jantar no Dom G; a casa estava sendo dedetizada. Ele serviu nossa mesa. Não tirou os olhos, creio que enrubesci. Mas ninguém notou nada, a não ser minha mãe. Na saída, ele me disse "volte sempre" e então ela disparou:

— Mas que conquistadorzinho!

Outra vez fui com minha filha ao restaurante. Ele serviu a mesa e todo instante passava para cá e para lá, sempre me olhando com aquela cara de tarado, parece descontrolado por mim, nem disfarça.

Minha filha disse que meus olhos brilhavam e estava com cara de tonta. Isso é uma tortura. Fico à noite sem conseguir dormir, um grito ecoando no meu cérebro: estou louca por esse homem! Estou obcecada.

Ele me come com os olhos. Já tentei desesperadamente escapar a essa sedução, mas sucumbo. Minha única certeza é de que se não for desse homem, vou enlouquecer!

Por que me olha tanto? Olhará assim para as outras freguesas? Minha irmã contava, há dois anos, quando ele trabalhou no Dom G pela primeira vez, que ele olhava insistentemente para ela. E piscava o olho. Mentirosa! Sentiu-se atraída por ele como eu me senti. Mas é mentira. Ele nunca olhou para ela. Seria muita coincidência, duas irmãs...

O Garçom B

O que ele quer de mim? Só pode ser o mesmo que eu quero dele. Eu o quero! Tenho fantasias com o garçom. Elas não me dão paz, surgem a qualquer momento, mas sobretudo na hora de dormir.

Do lado de minha casa fica a dos garçons do Dom G. Minha filha e eu os espiamos à noite. Eles chegam do trabalho por volta de meia-noite e aparecem sempre num dos quartos, que fica embaixo de nossa janela. Um deles fica sozinho e invariavelmente de cueca. Deita-se num colchão, de frente para uma tevê, e enfia a mão dentro da cueca. Fica ali mexendo até dormir, algum tempo depois. Sempre a mesma cena. Não nos vêem espiando pois apagamos a luz da sala.

Contudo nunca vi ali o meu garçom, talvez não more nessa casa.

O Dom G tem outras casas, talvez ele viva numa delas.

Fantasio muito com ele.

Sonho que ele me dá a chave dessa casa vizinha para que eu o aguarde depois do trabalho. Deito num colchão fofo na sala escura e o aguardo. Logo ele chega, girando a chave na porta, e acende uma vela. Pela janela vemos a lua brilhante e branca. Ele se despe e deita ao meu lado. Faz amor carinhosamente comigo. Beija-me inúmeras vezes. De repente diz que me ama, não pode viver sem mim. E me possui. É muito viril o meu garçom, me ama a noite inteira. O dia amanhece e nós ainda fazemos amor. Ele não me dá paz. Não posso dormir, tenho que ser dele a noite toda.

Uma voz grita no meu cérebro. Diz que é perigoso querer esse homem, mas eu não posso resistir, é uma voracidade que me leva. Há muitos anos não tenho alguém, acho que chegou a hora. Ele me deseja, eu sei, o que pode dar errado? Deito nos meus travesseiros, os olhos bem vivos na escuridão, e sonho com o meu amor.

24 de março — quinta-feira

Essa paixão está me deixando biruta. Entro numa fase maníaca da depressão. Eu devia me cuidar, mas faço o contrário.

Ontem de madrugada liguei para o disque-amizade, e conheci um homem. Vinte e nove anos. Conversamos um tempo e marcamos um encontro num cinema. Ele é policial. Estou aflita, penso em desistir, na verdade não sei por que estou ali. Creio que é a ansiedade da promessa de encontro com o garçom.

Estou ali. Ele chega; não é bonito: moreno, olhos grandes e pretos. O tipo machão. Sentamos num barzinho e conversamos. Convida-me para ir a um hotel; sinto-me desconfortável, mas alguma coisa dentro de mim me empurra. Então vou. Entramos num hotelzinho, em plena tarde. O nome dele é JV.

Quando o garçom me olha fico vermelha, abaixo os olhos. Agora estou me comportando como uma prostituta. Tiro logo toda a roupa, pensamento fixo em B. Queria que esse homem fosse ele. JV é bruto e isso me magoa; é forte e me domina, fica repetindo "vagabunda, vagabunda"!

Por um momento sinto medo dele: e se for um psicopata? Eu nem o conheço! Se for um assassino e me estrangular agora? Por que eu estou aqui?

Acho que estou ali para que B saiba e venha me salvar do homem. Sinto que estou ficando louca. Não quero morrer ainda, quero conhecer B, quero ser dele!

Mas o sexo acaba e JV não fez nada, não me matou. Nunca mais o verei. Não ligarei mais, embora ele combine uma transa em seu trabalho. Diz que vai estar fardado e vai me algemar. É policial rodoviário e trabalha na estrada, de madrugada. Digo que vou ligar, mas não vou.

Saio para o fim de tarde me sentindo estranha. Faço de conta que transei com o meu garçom. Amanhã é o dia de deixar meu telefone com ele...

25 de março — sexta-feira

Fui com L jantar no restaurante. Ando gastando muito dinheiro com jantares. Estou vivendo um inferno psíquico. Não posso mais dormir e o dr. P não quer me dar sedativos.

Sentamos numa mesa perto da porta. Ele demora a aparecer, será que não veio trabalhar hoje?

Finalmente aparece, vindo de um salão no fundo. Meu Deus, como é lindo! Como eu esperava, serve nossa mesa. Mas por um instante me parece alheio, terá cansado de mim? Mas é por pouco tempo. Logo se encosta no balcão e começa a me olhar. Sorri, um sorriso maldoso, é como se houvesse promessas naquele sorriso. Lá está o olhar de tarado outra vez. Ele terá mulher, namorada? Fará amor? Com quem? Quem será a desgraçada?

Então vem e deposita a lasanha sobre a mesa. Não nos serve. Estará me tratando mal, com desdém?

Bebo cerveja. Preciso parecer alegre, não quero parecer nervosa. Preciso relaxar, daqui a pouco ele receberá um cartão com meu número.

Fico conversando com L, tentando parecer descontraída. Estivemos juntas a tarde toda, fazendo gravuras. Estou farta das gravuras. Não quero mais sair de casa, quero ficar rondando o Dom G. Mas não posso desfazer minha vida, então passo a tarde fazendo gravuras, trabalhando, o pouco que ainda consigo.

Está tudo combinado. Ao fim do jantar, depois de algumas cervejas, finalmente tiro o cartão cor-de-rosa da bolsa e a caneta. Escrevo no bilhete: "B, entre em mim, ou ao menos me ligue, Alma" e escrevo um número de telefone.

Peço a conta. Devo deixar o cartão junto com o dinheiro e sair? Melhor não, outro garçom pode pegar o bilhete.

Levantamos e eu vou saindo. L vai até ele e entrega o cartão. Avisa que é meu. Ele diz "eu sei, eu sei", e guarda no bolso. L vem me encontrar, vamos até minha casa, rindo muito. Ele morderá a isca?

À meia-noite vamos para o bar do H. Quero comemorar meu ato de coragem dessa noite. Bebemos e dançamos a noite toda, L e eu, até que aparece um rapaz, V.

A princípio ele se interessa por L; tem 23 anos, é alto, forte e usa um cabelo muito curto. Não é bonito mas tem o seu charme. Dou uma camisinha a L e os dois vão para o carro de V. Mas algo acontece: ele fala que ela é muito menina pro que ele está querendo, diz que a respeita, não deve fazer isso com ela. L tem 16 anos. Então os dois voltam, de mãos dadas, e L me devolve a camisinha. Diz que eu vou precisar porque V quer ficar comigo.

Ele não pergunta se eu quero, vai logo me abraçando e me leva para a pista de dança. Dançamos juntos, V, L e eu, abraçados e pulando. Tim Maia canta com seu vozeirão, dizendo que não quer dinheiro, quer amor sincero e verdadeiro e eu penso inebriada em B, estou apaixonada e então danço, danço e me agarro a V, ele me beija e logo estamos saindo da pista. Entramos no seu carro, tudo parece estar certo. Olho o rosto estranho. Novamente com um estranho. Por que nunca pode ser B?

Depois voltamos ao bar, passo a noite com V, inebriada de romance.

26 de março — sábado

V chega na minha casa às seis da tarde. Recebo-o no ateliê e logo estamos fazendo amor.

Ele quer que eu ensine coisas para ele ensinar à namorada. Por que me submeto a isso? Mas com B será diferente, ele será meu namorado!

Apesar de tudo, V é um rapaz doce.

— O que você vai me ensinar hoje?

— O que você quer aprender?

— Será que dá tempo até às oito?

Ele tem uma festa para ir à noite com a namorada; eu aguardo a ligação de B, que acontece justo na hora em que estou com V. Não posso atendê-lo. Espero que ligue mais tarde. V vai embora, dizendo que voltará no dia seguinte.

Acho melhor não ligar para B, ele não deve pensar que estou tão aflita. Esperei, esperei, mas ele não ligou mais.

28 de março — segunda-feira

V não voltou no domingo, como prometera. Isso me chateou. B também não ligou mais. E agora?

Fui para a análise. Disse ao dr. K que teria de interromper a terapia, estou sem dinheiro. Mas ele preferiu acreditar que é por causa do garçom. Bem, hoje acho que esse foi mesmo o verdadeiro motivo. A análise não me dá trégua. Devo abandonar o meu sonho com o garçom B.

— Mas eu volto. Assim que me der uma folga.

— Não vai voltar — disse o dr. K. — Vai ao encontro do garçom.

Levantei e fui saindo. Na porta ele falou:

— Nunca vai ser feliz. Nunca vai encontrar o amor.

Estou obcecada. Ligo para B.

— Perdi teu telefone. Por isso não liguei mais. Vamos dar uma saída?

A voz dele é suave, melíflua, enganosa.

— Você quer vir aqui?

— Onde você mora? Pela vizinhança?

— Sim. Moro ao lado do restaurante, na rua do fundo.

— Chego às dez e meia.

Meu Deus! Logo ele estará aqui!

Às dez e meia B chegou. Está de agasalho preto, tão lindo, meu Deus!

Levei-o para o ateliê. Ele sentou e mostrou logo de cara uma aliança no anular da mão direita:

— Você é noivo!

— Sim. Sou noivo.

Seus olhos percorreram a sala, as paredes. Tinha um ar estranho, que atemorizava. Encarou-me:

— Você é casada?

— Separada.

— Há quanto tempo?

— Dez anos.

Menti. Era separada há doze. Ele fez um ar de desdém:

— E todo esse tempo sem ninguém!

Estaria me desprezando? Suas palavras me machucaram. Perguntei:

— Que idade você tem?

— Vinte e oito. E você?

— Trinta e sete.

Outra vez o ar de desprezo:

— Ah! Ainda é nova!

— Cadê tua noiva?

— Está dormindo.

Ficou uns segundos em silêncio, vasculhando a sala com os olhos. De repente encarou-me:

— Por que não senta aqui pertinho de mim?

Indiquei o meu sofá:

— Por que você não se senta aqui?

Então ordenou:

— Sente-se aqui!

Instintivamente obedeci. Sentei-me a seu lado, grudadinha. Senti o cheiro. Másculo. Olhei os profundos olhos escuros. Eram distantes. Mas então fixaram-se nos meus, atarantados:

— Agora eu vou entrar em você!

Alterou a voz:

— Estou louco pra te comer!

Estava vermelho, o rosto congestionado de desejo. Tomou-me nos braços. Beijou-me, lábios, dentes, língua agressivos! "Por que me agride?", pensei. Enfiou as mãos no meu decote, entre as pernas, dentro da calcinha. Apertou-me.

— E se eu for casado, muda alguma coisa?

— Por que, você é casado?

— Sou.

— Mas então por que a aliança na mão direita?

Calou-me, agarrando-me interminavelmente.

— Me coma! Me coma agora, não suporto mais!

Ficou de pé e despiu-se. Corpo forte de homem, pêlos e tatuagens no peito e no braço. Desejo assustador nos olhos profundos, mar negro, vertigem! Desceu as cuecas, olhando-me nos olhos. O sexo, duro, grande, despontou.

— Gosta dele?

— Gosto. Gosto.

Logo veio a segunda ordem:

— Tire a roupa.

Novamente obedeci. Fui tirando a roupa devagar. Ele me apressava:

— Tira logo tudo duma vez. Quero você nuinha!

Fiquei nua, enquanto ele se recostava no sofá. Diminuí a luz e me aproximei. Ele me puxou, fazendo-me sentar sobre seu corpo, encaixando-me. Senti muita dor, estava tensa, a penetração foi muito repentina...

Não me sentia bem naquela posição. Queria ser dominada. Ele sentiu e me deitou, penetrando-me novamente. Suave dor que se transformou em prazer forte, urgente. Comecei a apertá-lo, cada vez mais, cada vez mais. Ali estava B, e eu o amava.

Outra vez sentou-se e eu o montei. Era ríspido, brutal, doía:

— Assim não, assim não!

Voltou a me render, deitado sobre meu corpo no sofá. Sussurrava:

— Goze, goze...

— Mais forte! Mais forte!

— Está gozando agora?

— Estou. Estou gozando!

Empurrou-me para o chão, ordenando:

— Fique de quatro!

Fiquei na posição e esperei.

Ele veio e agarrou minhas nádegas, dando golpes muito bruscos. Fiquei assustada, ele fincava os dedos na minha pele branca, marcando-a de roxo:

— Está me machucando! Ai! Ai!

— E você não gosta?

Desengatou-me e me abracei às suas pernas. Seu rosto era uma máscara fria, dura, de mármore. Mal correspondia às carícias. Pedi languidamente:

— Fale-me de você.

— Sou um cara retraído. Não há o que falar.

Tinha descido a muralha impenetrável.

— Agora tenho que ir. Homem casado é assim. Aliás

minha mulher pegou o papel com teu número, por isso eu não podia ligar.

— E aí?

— Tudo bem. Inventei uma desculpa. Ela confia muito em mim.

— Você sempre foi fiel?

Risinho de desdém:

— Claro que não! Imagine!

Mais risos:

— Tive um caso aí com uma mulher durante uns sete meses.

— Você volta amanhã?

— Provavelmente. Eu ligo.

No portão a última ordem da noite:

— Segredo entre nós dois, entendeu bem? Segredo!

29 de março — terça-feira

Estou esperando B ligar. Tomo um banho e então, onze e meia, o telefone toca. Eu já não esperava mais.

— Sabe quem está falando?

— Sei. É B.

É meia-noite quando ele chega. Vamos ao meu quarto.

Decepcionou-me. Disse que não podia ficar, a esposa ligara pedindo uma pizza.

— Onde está a pizza?

— No carro. Tenho que ir.

Então ele tem carro. Pensei que garçom ganhasse mal. Como será a vida dele? Será muito pobre? Não se veste elegantemente, hoje está com uma bermuda branca e uma camiseta listrada. E de tênis outra vez.

Levantou-se:

— Detesto cigarro.

Apaguei o cigarro.

— Desculpe. Eu não sabia.

— Quando eu vier aqui não fume, pelo menos uma hora antes.

De pé, olhou-me repentinamente nos olhos. Acaricia sua região genital. Autoritário, perfeitamente teso:

— Você quer este pau?

Sua voz era um murmúrio.

— Quero.

Tira toda a roupa e deita-se na cama:

— Gosta de chupar?

— Gosto.

— Então venha. Chupe!

Obedeci. Tomei o pênis e comecei. Ele observa, olhos duros no meu rosto.

Então veste a camisinha:

— Sente aqui.

Segura o membro e eu me sento. Manda que eu sente de costas para ele. Estou quase atingindo o orgasmo, quando sussurra, em voz grave:

— Eu gosto de bater!

— Bata!

Tive um estremecimento. Bater?

Vieram então os tapas, leves, lentamente, nas ancas e nádegas, e logo com mais vigor, e mais forte, mais forte:

— Eu gosto de cuzinho. Você vai dar o cuzinho pra mim!

— Não, isso não gosto!

Ele silenciou. E continuou batendo:

— Gosta que te chame de puta?

Ele me testava, voz mansa, fragilmente.

— Gosto.

— Putinha...

Sua voz ia crescendo:

— Puta... vagabunda!

Isso começa a se tornar um pesadelo! Ele está gritando agora.

— Puta! Vagabunda!!

Começo a me sentir incomodada. Ele não pára mais com isso. O tesão acabou.

— Goze, vadia! Goze, vadia!!

Continua surrando. Quero acabar com isso, mas ele está viajando. Esse homem, mais que qualquer outro homem, me mata de desejo. Pode fazer de mim o que quiser. E quer...

— Me deixe gozar! Pare com isso!

— Fique de quatro!

Coloca-me de quatro e então começa a me cavalgar. Puxa os cabelos como rédeas, batendo meu rosto contra o colchão, continuadamente. Ele parece sentir ódio de mim:

— Você quer me humilhar, não é?

— E você não gosta? — revida entredentes, ao mesmo tempo que puxa os fios com força, por pouco não me quebra o pescoço!

Sinto medo, mas estranhamente o prazer me toma:

— Gosto! Gosto!

— Agora vamos fazer um pouco como você gosta.

Deita-me e vem sobre mim, entre as pernas. Enlouqueço:

— Me bata!

Ele dá uma pancada no quadril.

— No rosto! Bata no rosto!

Então vêm quatro taponas, aplicadas com a força de um homem, uma seguida da outra. Duas em cada face, ele usa as duas mãos para me espancar.

— Está gozando??

Ele vocifera, os olhos intumescidos de cólera profunda.

— Estou!!

— Então diga!!

— Estou gozando!!

Atinjo o orgasmo sendo violentamente castigada. Depois ele fica me olhando:

— Agora venha: vou gozar na tua boca.

Deita-se e tira a camisinha. Meto-o todo na minha boca.

Com a mão esquerda continua me batendo no rosto, com a direita bolina a vagina. Tem um tesão sórdido cravado no semblante. Ele me açoita e me masturba até fartar-se. Então vem as convulsões, e o jorro de leite, a face dele contraída de ódio e excitação. Uma máscara. Deito a seu lado, totalmente dominada. Esboço uma carícia no peito mas sou repelida. Delicadamente.

Senta-se e começa a se vestir. Eu o abraço:

— Estou tarada por você!

— Mas não fique muito. Eu te satisfaço, você me satisfaz. Mas não passa disto.

Um nervo me estoura no peito, mas sou rápida:

— Eu sei. Você é casado.

Ele me olha com alívio e arrisca um sorriso:

— Cuidado. As mulheres que se aproximam de mim depois sofrem.

Eu devia agradecer o aviso? Acho que já é tarde demais.

No portão nos despedimos. Ele diz que viajará no dia seguinte e só retornará no domingo. Isso quer dizer que me procurará? Imediatamente fico achando que sim; ele me procurará no domingo.

30 de março — quarta-feira

Decido retomar a terapia com o dr. Z. À tarde vou ao seu consultório. A primeira coisa que faço é falar de B.

— Onde você conheceu esse homem? Está se aprimorando nos abacaxis?

Para o doutor Z todos os homens que se aproximam de mim são abacaxis, nenhum presta. Será que estou sempre errada?

— Mas o que você quer que eu diga? Um homem que te bate!

— Mas deve ser só fantasia!

— O que você quer com isso? Onde acha que ele vai chegar?

— É tão grave assim?

— Você não sente que pode ser grave? Por que acha que ele te bateu? Fantasia? Será? Como será da próxima vez? Vai bater ou vai querer que você bata? — O dr. Z fica rindo de mim. Acha incrível que eu tenha conseguido achar um homem desses. Será que os anos que fiz terapia nunca adiantaram nada? Quando terei um homem normal, para variar?

Além disso, alerta-me para o fato de o garçom ter dito que as mulheres que se aproximam dele depois sofrem. Isso deve ser verdade, diz o dr. Z. Também já me alertou logo de cara que tudo não passa de sexo.

Não foi isso que eu entendi. Apenas ele é casado, e não pode se comprometer comigo. Mas é evidente que está se envolvendo, veio me ver duas noites seguidas. O dr. Z se surpreeende:

— Tão cedo assim e você já fala em envolvimento? Quem sabe nem virá mais! Quem sabe estava só querendo viver essa fantasia, uma noite, mais nada.

— Você sempre tentou me desestimular!

— Mas também, Alma! Você mal conhece um sujeito e já começa a falar de amor! Que tal observá-lo primeiro?

Já estou nervosa. Vou logo retrucando:

— Está certo! O que você acha que está tão errado dessa vez?

— O sujeito fica te olhando num restaurante: você acha que ele só fez isso com você. O sujeito é casado, mas mesmo assim você vai logo se deitando com ele. Quer que ele a respeite? Devia agir diferente. Que tal ele te conhecer primeiro? Seria bem mais saudável! Mas não, sexo logo de cara. Ele não vai pensar que é isso que você quer?

— E ele também não quer?

— Mas homem é diferente! Eles sempre querem sexo. Quem decide como será a relação é a mulher. Mas não. Você faz sexo de cara e quer que ele se apaixone pelo teu lado romântico! E pior ainda: você cede à primeira fantasia sexual do cara! O que ele está pensando agora? Que você gosta de apanhar.

Saio do consultório e tento ir ao ateliê de gravura. Fico um pouco só, não consigo gravar. Em casa, tento pintar mas não consigo. O que afinal está acontecendo comigo? Consegui B, não devia estar feliz? No fundo, o medo de que ele desapareça, como já fizeram tantos outros, me assalta. Sei que farei tudo que B quiser, se ele voltar. Para que não me deixe nunca.

2 de abril — sábado

Nessa noite vou ao Bar do H, com L.

Estou aguardando que B me ligue amanhã, então estou apreensiva e esperançosa. L encontra amigos, todos da sua faixa etária.

Um deles, E, é um rapaz lindo, de cabelos até a cintura e olhos verdes. L está interessada nele, mas misteriosamente ele parece interessado em mim. Será que quer aprender coisas?

Sentamos numa mesa e ficamos conversando e bebendo. Ele me conta que tem uma namorada, mas depois diz que gostaria de ir para minha casa. Na verdade ele é tão bonito, que concordo em levá-lo. É alto e forte e tem apenas 18 anos. Embarcamos num táxi e vamos para minha casa. Meus filhos saíram, assim não me verão com um menino. Levo-o para o ateliê.

Abaixo a luz e ele fica esperando. Pergunto por que está ali se tem namorada. Ele responde que ela não precisa saber e o que irá acontecer não vai interferir em nada no seu namoro.

Pergunto se ele faz sempre isso e ele se cala. Fica me esperando.

Solto o seu rabo de cavalo e os cabelos caem nos ombros e nas costas. Fica ainda mais lindo, e me sorri. Os olhos verdes brilham. Começo a tirar sua roupa, fica nu e mais lindo. Dispo-me e deito sobre ele.

Tenho um deus grego sob meu corpo e não sinto desejo algum. É tão delicado, suave menino. Nada da fúria de B, nada de sua virilidade. Mesmo assim amo o menino, mas não consigo ter orgasmo.

Depois me diz que não nos veremos mais, ele tem sua namorada.

— Apareça quando quiser.

— Não. Não virei.

— Então está bem.

Ele se vai na noite quente e brumosa e eu fico só, com a certeza absoluta de que estou apaixonada por B. Eu amo B e o espero no domingo.

9 de abril — sábado

B não me procurou no domingo. Nem na semana seguinte.

Fiquei mal, me entupindo de calmantes. Toda a semana

com pensamento fixo nele, no prazer estranho que descobri. Não vai me procurar mais? Sinto ódio! Gozou na minha boca, me espancou, me xingou... e era isso?? Como uma prostituta??

Depois das pancadas senti uma estranha revolta. Pensei que da próxima vez eu iria bater nele. Apanhei uma barra de ferro do meu ateliê e guardei na cômoda do quarto. Ele gostaria de trocar os papéis? Talvez estivesse esperando isso de mim. Ele chegará e eu vou propor bater nele.

No final da tarde, estou indo na banca de revistas e então um carro verde-metálico quase me atropela. B está na direção. Meu coração pula ao vê-lo. Continuo meu caminho e ele sai do carro. Vem apressado atrás de mim:

— Oi, orgulhosa!

Não respondo e continuo:

— Eu disse oi!

Atravesso a rua, tomada de um pânico inexplicável. Penso que ele irá me bater ali, no meio da rua, na frente das pessoas!

Ele entra no restaurante e eu o perco de vista. Chego em casa, completamente apaixonada, e começo a escrever uma carta num papel vermelho:

"Meu amor, permaneço aqui, nesta cama, quietinha, esperando que você resolva me visitar. Atormentei você com minhas queixas femininas? Me perdoa, amor, eu sou tua escrava, quero você o tempo todo, desde que te conheci minha vagina não me dá sossego.

B, teu nome é de pássaro, de flor, beija-flor, jasmim. Nome de anjo, querubim. Mas é tudo. De resto é um demônio, lascivo e pervertido, ardente e perigoso. Tão doce! O meu demônio, e eu sou um anjo insaciável.

Não sonho ser a tua amada, mas sou tua cadela,

permita-me ser uma de tuas mulheres. Meus mamilos são teus, minha pele, minha boca. Você pode fazer o que quiser de mim.

Eu sou tua escrava, você é meu dono. Eu te pertenço. Você manda e eu obedeço; sou teu objeto, não me deixe desse jeito, não farei perguntas nem reclamações, vou apenas te servir, vou beijar teus pés, vou me ajoelhar e imploro que me subjugue; vou suplicar teu pau, estou condenada ao gozo com teu pau, mas só gozarei se você ordenar, só vou gemer se você quiser ouvir meus gemidos, mas B, não seja tão cruel, você disse que era o meu macho, e eu estou com fome do teu amor, preciso do teu corpo, preciso de você duro dentro de mim outra vez, absolutamente duro, muitas vezes... estou molhada, amor! Estou macia, pulsando; faminta. Vem me ferir, meu senhor, vem te satisfazer em mim, me submeta, me penetre, amor, me fode, vamos esfregar este meu grelo, amorzinho, preciso arregaçar esta minha fenda, amor, não suporto mais, me possua, por favor, não suporto mais, me abre. B, me coma, eu rogo, me coma. B!! Estou prontinha pra você, ardendo, molhadinha, escancarada, louca de desejo...

Meu homem, me domina preciso desesperadamente te dar este meu rabo, ah meu amante, quero ser tua como nenhuma mulher foi antes de um homem, acaso vai me abandonar fogosa assim, ardente assim? Tudo é só pra ela?! Você é um homem tão potente, viril, pode bem dar conta de duas mulheres, não pode?

Goza na minha boca então, meu amor, me alimenta de sêmen, tenho sede, B, tenho fome, deixa eu me entregar pra você, me entregar todinha, deixa, você deixa?

Não precisa dizer, eu entendo o que você espera de mim, eu sou a tua gueixa, um objeto de prazer, não está bom assim? Não tenho sido dócil o suficiente? Se quero apenas te agradar, por que não me diz do que gosta, pra que eu possa fazer tudo a teu gosto?

Então vem logo, estou de pernas abertas só pra você, aguardando tuas taras, não demore, meu amor.

Estou nua, nesta cama, só pro teu uso; então vem, sacie os teus instintos em mim...

Meu anjo, meu senhor, te espero ansiosamente, eu imploro, vem me atender, aguardo o teu chamado, não demore, por favor.

Beijos, beijos, tua, Alma"

Não quero mais bater nele. Ele é quem tem que bater em mim. Não mando a carta.

11 de abril — segunda-feira

Ele me liga, à noite. Pergunta se estou brava com ele. Não entendo muito bem, mas fico feliz.

Chega seis minutos depois da meia-noite. Beliscão na bunda no portão.

— O que te deu pra me ligar?

— Sei lá. Sou de veneta.

Estamos no quarto. Ele tira toda a roupa. Manda que eu me dispa também. Recosta-se nos travesseiros:

— Quem manda aqui?

— Você.

Brilho orgulhoso no olhar. Um beijo na boca. Depois, entredentes:

— Cadela!

Um frio me percorre:

— Hoje você vai fazer um *strip-tease* pra mim. Cadê a música?

— Não tem música.

— Um rádio. Não tem um rádio?

— Não sei fazer *strip-tease*.

Ele se irrita. Levanta-se da cama:

— Então vai se masturbar pra mim. Adoro ver mulher se masturbando.

Estou tensa. Digo que estou menstruada.

— Então só de raiva vou comer teu cuzinho!

Imploro, cheia de medo:

— Por favor, não!

Ele se encosta no guarda-roupa. Fica me fitando:

— Vamos, se masturbe!

Começo a me masturbar, cheia de vergonha. Evito os olhos dele, que sinto estarem cravados em meu corpo. Estira-se aos pés da cama, impassível como uma rocha, olhos fixos em mim. De repente direciona minha mão esquerda para os seios. Tenho que acariciar os seios.

Mais uns minutos intermináveis. Estou constrangida, mas se eu parar ele se zanga. Tenho medo de apanhar.

Então começa a me tocar. Sinto um arrepio com o contato áspero e viril daquela mão. Me vira de lado, ordenando que eu continue.

— Quer levar uns tapas?

— Quero.

Bate um pouco, de leve, nas nádegas. Penso que está sem vontade de bater, que vai parar logo, é só uma fantasia a mais, como a de ver eu me masturbando.

— Onde quer que eu bata?

Fico toda molhada:

— Na boceta.

Abro as pernas. Ele senta ao meu lado: com a mão direita começa a torturar e espancar a vagina. Cada vez mais forte. Sinto um prazer intenso.

— Quero ver você gozar feito uma égua!

Estava cada vez mais tarada. Quando fiquei bem louca, sibilou:

— Agora implore o meu pau de joelhos!

Ajoelhei-me e tentei. Não pude:

— Não. Não!

Inesperadamente doce, puxou meu rosto e balbuciou:

— É todo seu.

Tomei-o na boca.

— Você gosta de chupar!!

Sentei sobre ele e o montei. Cavalgamos. Então deu início aos tapas na cara. Tapas na boca, senti um gosto de sangue. Dor, muita dor:

— Bate. Bate mais!

Num movimento, deitou-me e subjugou-me. Está feroz, me escava selvagemente. Aperta-me, o rosto contraído, olhos cegos de tesão, faces vermelhas. Um bicho. Rosna:

— Sou teu macho!!!

Crava as pontas dos dedos na carne de meus ombros. Cobre-me de bofetadas. Suspiro...

— Você é meu dono!

Ele vai à loucura, tara monstruosa a desse homem, violência e erotismo se misturam.

— Você quer ser meu amante? Quer? Você quer?

Ele me olha e não responde. Beija-me na boca.

— Quer apanhar com cinto?

Sinto-me congelar:

— Não! Não!

— Vou comer teu cuzinho.

— Não! Não quero! Por favor!

— Agora!

— Não, agora não, quero gozar...

Giramos, deitei sobre ele:

— Tem medo de dar o rabo?

— Tenho, muito!

Enfiou um dedo, dois, três no meu ânus. Fui invadida pela delícia! Ele tem um esgar de tesão:

— Você gosta de levar no rabinho, sua cadela!!

— Não, não!!

— Vou comer teu rabinho!

— Por piedade, não!

— Vem cá, vadia...

— Não! Me deixe gozar, eu vou gozar!!

Ele aprofunda os dedos no reto e suga ansiosamente os mamilos. O prazer me envolve, fico tonta. E então vem, fulminante, estarrecedor. Começo a gritar. Os olhos dele estão fixos nos meus, como se quisesse ler na minha alma. Pensei que fosse perder os sentidos, o gozo é forte e palpitante. Grito, grito.

Estou em paz, coração inundado de amor, aos saltos na caixa do peito.

— Agora vou comer teu cuzinho.

Botou-me de bruços e veio. Imploro que meta devagar. Arregaço-me para ele, confiando que não vai me machucar. Penetra-me. A dor me rasga, mais do que eu posso suportar, mas preciso suprir todos os desejos de B, eu sou dele, quero ser dele inteirinha:

— Não estou suportando. Ai!!

Ele se deita e me senta sobre si, sempre na penetração anal. Melhora um pouco, agora eu controlo o vai-e-vem do pênis, mas ainda assim é extremamente doloroso. Começo a chorar. Talvez irritado com tanta cena, ele interrompe a penetração:

— Ponha na xoxota!

Coloca-me de quatro, invadindo-me fortemente o sexo:

— Aqui você gosta, né, vadia?

Então retoma as pancadas, os puxões de cabelo. Dá estocadas rudes, enormemente excitado. Depravado, delira:

— Lá fora você anda de nariz empinado! Mas aqui dentro você muda! Aqui, entre essas quatro paredes, você geme no meu pau!!

Mais fincadas brutais. Estou em êxtase, nunca me senti tão mulher:

— Eu sou tua fêmea!

Mais excitado, cobre-me de porrada. Acelera os movimentos do quadril:

— Vamos, late que nem uma cadelinha, late! Late, que nem uma cadelinha!!

Comecei a gritar mais alto, até uivar e então latir:

— Agora deite, vagabunda. Vou gozar na tua boca!

— Ainda não! E eu??

Então deitou e eu me encaixei. Puxou minhas pernas contra o rosto e eu o engulo inteiramente. A penetração é muito profunda, revolve-me as estranhas. O prazer nunca foi igual, sinto convulsões queimando o ventre. Começo a delirar. Depois morro. Enquanto gozo, recebo exaltados tapas nas mamas, faces e boca:

— Mais! Mais!

Ponho-me a chupá-lo, amorosamente. Os olhos fixos, estranhamente calmos, me examinam:

— Que idade você tinha quando chupou o primeiro pau?

— Dezesseis.

Aplica-me uns tabefes no rosto, nos peitos:

— Teu marido te batia?

— Não.

— É a primeira vez que você transa assim?

Menti:

— Não.

— Quero gozar no teu rosto, no teu nariz!

Começo a masturbá-lo. Ordena:

— Chupe meu cuzinho.

Meto a boca na floresta negra de pêlos, um sabor acre me inunda. Enquanto isso, ele se masturba. Demora uns minutos:

— Gostoso! Muito gostoso!

Puxa meu rosto, ejaculando nele compulsivamente. Lava-me a boca, os olhos, o nariz:

— Sou louco mesmo! — esbraveja B na agonia do orgasmo.

Quando olho em torno, retornando do sonho, deparo com a cama lavada de meu sangue menstrual. Os pêlos dele, púbis, ventre, coxas estão impregnados também de sangue. Apanho uma pequena toalha e limpo-o cuidadosamente.

Exclama assustado, olhando o relógio:

— Dessa vez nos excedemos!

Uma da manhã. Começa a se vestir apressado.

— Você bate na sua mulher?

Olha-me espantado:

— Claro que não, que idéia! Bater na minha mulher!

No portão me dá um beijo rápido:

— Quando quiser, eu volto. Eu ligo.

E parte. No espelho do quarto examino as manchas roxas. Elas são o selo de que sou dele. Totalmente.

12 de abril — terça-feira

De manhã estou mais obcecada. Estou perdendo os parâmetros. Exibo as manchas roxas para minha mãe e a empregada. Elas apenas sorriem, pois devo estar enlouquecendo.

O grito parece ecoar no meu cérebro outra vez. Uma voz que me diz não, não! Ao invés de ir trabalhar, fico tecendo fantasias.

Irei ao restaurante dar na cara dele, contar pra todo mundo o que faz comigo! Direi que ele me bate, que é tarado!

À noite vou ao bar do H. Com VA. Ela me conta que seu namorado bate nela enquanto transam. É mentira, eu sei. Ela gosta de imitar. É louca. Gosta de mentir. Que triste! Mentir uma coisa dessas?

Encontro outra amiga, no bar. Conto a história a ela. Parece ter esquecido a parte em que revelo que ele me bate. Simplesmente diz:

— Mas que bom! A gente precisa ter alguém!

13 de abril — quarta-feira

Entro no restaurante Dom G com minha filha. Vou comprar alguma coisa. É folga dele, eu sei, mas ele está lá, sem uniforme, debruçado no balcão. Encara-me insistentemente e isso me constrange. Tenho a impressão de que contou pra todo mundo que sou sua amante.

Em casa, começo a fantasiar: ele fica me espionando por sobre o muro entre a pizzaria e o meu quarto...

14 de abril — quinta-feira

À tarde saio para comprar roupas íntimas para meus encontros com B. Compro espartilhos e cintas-liga.

À noite, VA vem me visitar. Ligamos para o disque-amizade e marcamos encontro com dois rapazes. Num barzinho próximo de minha casa. VA fica com um rapaz e eu com o outro.

Logo saímos de carro. Compramos cervejas e fomos a uma loja de conveniência. O rapaz de VA tenta transar com ela, mas ela não quer. O meu acaricia meus seios e fala de si mesmo. Não vejo a hora de voltar para casa e aguardar a ligação de B.

Depois que deixamos VA em casa os dois rapazes começam a me cantar. Querem transar comigo, ao mesmo tempo. Por que estou ali? Estou perdendo os parâmetros, estou mergulhando na depressão. Declino do "convite" e eles me deixam em casa.

15 de abril — sexta-feira

Resolvi ligar, só pra ouvir a voz dele.

— Por que me olhou daquele modo na quarta? Quer que todo mundo saiba de nós dois?

Estou fingindo. Eu quero que todo mundo saiba.

— Eu apenas te cumprimentei. Já começou a tecer fantasias...

— O quê?

— Agora estou ocupado, não posso conversar. Ligo mais tarde.

Esperei, esperei, esperei.

Havia marcado com amigos no bar do H. Ele não ligou, saí por volta de meia-noite. Estava desesperada. Imensamente deprimida. Encontrei L e tudo que fiz foi chorar a noite toda. Voltei logo pra casa.

B não quer cobranças; eu cobrei. "Não me quer mais", penso horrorizada. Eu não devo esperar amizade dele. Uma sensação de terror me domina, eu morrerei se não puder mais fazer amor com ele!

Se eu me conformasse então, não chegaria onde chegou. Eu não me tornaria um bicho. Mas já não sinto atração por outros homens, minha libido pertence a B, minha alma é dele, meu corpo, cada poro do meu corpo.

Entendo que estou à mercê do homem que estranhamente amo. Só que ele não pode saber disso. Como faço pra esconder que o amo? Tenho que descobrir! Se eu fizer de conta que não aconteceu nada comigo, se ele pensar que nada mudou em minha vida, voltará sempre pra mim.

Ele tem que bater numa mulher. Eu sou essa mulher. Não me deixará, se eu ficar submissa. Ele me dominou sexualmente, não tenho saída. Essa é a condição feminina...

Resolvo escrever uma carta, estou com raiva dele:

> *"Escrevi uma carta erótica pra você, altamente erótica, mas penso que é melhor engavetá-la, já que você demonstra não entender quase nada de erotismo. Então prefere o vazio de uma vida sem fantasia?*
>
> *Se quer saber, eu precisei de muitos anos e coragem pra entender e assumir o que realmente gosto de fazer com um homem na cama. Você conhece as minhas preferências, e eu conheço as tuas. Então isso é coisa que se jogue pela janela? Preciosas fantasias!*
>
> *Mas não pense que me lesa profundamente com esse teu silêncio ignorante, porque sei exatamente o que há por trás dele. Se eu sei proporcionar a um homem a realização de uma tara secreta é porque conheço os anseios de sua alma, e também sei que a maioria das mulheres sequer sabe do que estou falando, pois o que para elas constitui uma ofensa moral grave à sua dignidade, para mim converte-se no mais absoluto prazer sexual.*
>
> *Portanto a tua afirmação de que começo a 'tecer fantasias' não tem o menor sentido, pois baseamos nosso relacionamento erótico unicamente em* fantasias, *minhas e tuas, compatíveis, sem qualquer critério de realidade. Pode ser que você, sim, não esteja sabendo separar uma coisa da outra, e lamento te dizer que, fora da cama, você não vai me humilhar nunca.*

Não que eu não quisesse, até que seria um jogo interessante, mas você não é capaz, simplesmente.

Agora, se prefere não me procurar mais, achando que com isso destrói meu pobre coração apaixonado, saiba que só demonstra não saber que uma mulher masoquista se destrói com amor, não com crueldade (crueldade, aliás, banal, comum a todos os homens, e tão sem graça pois sem menor traço de requinte); já minha crueldade pode alcançar níveis mais elevados que a tua, porque também minha alma é muito mais sublime; conheço verdadeiramente o amor e por isso posso desprezá-lo, já estive no céu, então posso descer sem medo ao inferno.

Posso gozar apanhando no rosto ou na vagina, e nem por isso perdi a pureza de minha alma. Você disse que eu gosto de dor, mas acaso sabe o que é DOR? Pensa que me causou dor?! Ao contrário, só me deu prazer, não sabe jogar, não até o fim do jogo!

Então não há vitoriosos, perdemos você e eu, porque abrimos mão de uma compatibilidade sexual perfeita. Mas talvez você perca mais do que eu, pois mulheres debatem-se entre o desejo e a culpa, então um homem como você se condena a espancar esporadicamente prostitutas, mulheres pagas pra fazer de mentira o que eu faço de verdade, por puro prazer. Homens, você sabe, são todos depravados, à caça de uma mulher como eu, capaz de satisfazer o lado mais pleno e pervertido de suas virilidades.

Nesse mundo moralista e hipócrita eu ganho de você, você não entende o que aconteceu comigo; ultrapassei o tal feminismo, perdi o rancor das mulheres contra a opressão dos homens, voltei a ser feminina, sexual, mulher-objeto. Sou tão forte que posso ser fraca.

Naturalmente você não entende uma palavra do que

digo. Talvez prefira voltar a tua vidinha normal, sem dúvida você não passa de um homem normal, com tua esposinha sonolenta, sedento de uma puta qualquer, ao acaso, vez ou outra, pra quebrar o vazio.

Talvez uma aurora como eu não seja pro teu horizonte. Puro engano.

PS: naquele bilhete, eu te propus um enigma ao qual você não se dignou a responder. Perguntei 'com quantas naus se faz a travessia?' A resposta é 'com infinitas naus pois que a travessia é infinita'.

Quando eu escrevi 'entre em mim' quis dizer muito mais do que 'entre com teu pau na minha vagina'. Você foi até onde pôde. Eu posso muito mais. Que bom!"

Com essa carta eu queria humilhá-lo e, ao mesmo tempo, que ele me valorizasse. Mas podia dar o rebote. Em todo caso, não mandei a carta.

19 de abril — terça-feira

No consultório do dr. Z pergunto se sou masoquista:

— Não.

— Por que sinto prazer apanhando? O orgasmo nunca foi tão real.

— Sente prazer apanhando ou fantasiando que o amor dele é violento?

Não entendo o que ele quer dizer:

— Responda-me, Alma: quanto mais violento mais amor ele tem? Não era assim mesmo com teu pai, um homem violento? A única hora que ele te tocava não era para te bater? Seu único gesto de atenção eram os gritos? Você interpretou violência como amor, como atenção.

É verdade, essa é uma descrição perfeita para meu pai. Mas estarei simplesmente revivendo a relação paterna? Não amadureci então? O que B tem a ver com meu pai?

— Você acha que é especial para B?

— Eu quero ser especial. Ele é tudo para mim.

— Por um lado quer que ele acredite que está vivendo uma fantasia. Por outro, escreveu a carta mas não mandou. E por que não mandou? Porque não é verdade?

— Está certo. Porque não é verdade. Mas então por que não lhe digo a verdade?

O dr. Z me olha com um ar sério:

— Porque, se souber a verdade, ele vai te deixar.

Mas de que verdade ele está falando? De que eu só gosto de apanhar dele? Que eu não apanharia de outro?

— Ele pode bater em qualquer uma??

— Será que não?

— Eu não poderia apanhar de qualquer um.

— Essa fantasia é dele, não é sua.

— Quer dizer que ele poderia bater em qualquer mulher??

— Você não tem a resposta?

Ainda tento argumentar, mas o dr. Z não me dá trégua:

— Acredita que é a primeira vez que ele faz isso?

— Talvez bata na sua mulher.

— Talvez só bata num determinado tipo de mulher.

Ele afirmou que não batia na mulher, mas pode estar mentindo. Não para o dr. Z:

— Será que uma mulher ficaria casada com um homem que precisasse espancá-la para ter uma relação sexual? Será? Apanhando todo dia??

— Não sei.

2 de maio — segunda-feira

Mesmo depois de ter mandado um bilhete altamente erótico, ele não se manifestou. Fiquei vários dias de cama, parei de trabalhar. Eu precisava vê-lo, ao menos olhar para ele.

Então resolvo jantar no Dom G com duas amigas. No balcão, um garçom me atendeu, eu precisava telefonar. Reconheci seus braços: eram os mesmos braços do garçom que, na casa vizinha à minha, ficava se masturbando por dentro da cueca, noite após noite. Olhei o rosto dele: bonitinho, de pele muito branca e lábios de cereja.

Na mesa, B nos atende. Sempre que vou ao Dom G minha mesa é dele. Entre idas e vindas, os antigos olhares de quando era só platônico. Estranho! Ele me paquera como se não tivéssemos um relacionamento. Fica cercando a mesa, me cuidando e circulando em volta, sempre com os olhos fixos em mim.

Minhas amigas se surpreendem. VA diz:

— Ele está apaixonado por você!

Sim, ele está apaixonado! Posso sentir claramente seus olhos. Por que o seu discurso diz o contrário? Tem medo? Será só desejo? Mas que desejo! Seja como for, entendi que ele precisa me ver pra ficar com tesão, pra ter vontade! Será que não pensa obsessivamente em mim como eu penso nele? Tudo isso me deixa confusa. Fico só observando.

Agora, encostado a uma parede, defronte à mesa, fita-me e, quando nossos olhares se cruzam, enrubesce, descontrolado, faces aglomeradas de desejo. Pura tara. Me comeria ali mesmo, se eu abrisse as pernas. Na frente de todo mundo, ele seria capaz? Eu era capaz?

De repente, atirou o míssil: piscou com o olho esquerdo, sexualmente excitado. Acho estranho esse sinal, não combina com a situação que já vivemos.

Um dia fiquei sabendo o que significava. Por ora, acredito que aquilo é endereçado exclusivamente a mim, ainda não sabia o que era um maníaco sexual...

3 de maio — terça-feira

Eu sei que hoje ele virá. Penso em usar meu espartilho bordô, mas não tenho coragem. Talvez o branco, mas também me falta coragem.

Não me enganei. Meia-noite ele aparece.

Entra no quarto e vê algumas fitas de vídeo:

— Tem algum filme pornográfico?

— Não tem.

Então vai até o banheiro. Retorna com a braguilha aberta, a ereção sob a cueca branca. Está transtornado. Agarra-me pelos cabelos e esfrega minha cara no seu sexo. Agoniza:

— Você quer esse pau? Hein? Cadela! ... isso que você quer? Esse pau??

Cobre-me de bofetes. Tenho medo. Está verdadeiramente violento. Animalizado. Obriga-me a chupá-lo. Estou nervosa, não faço nada direito. Grita:

— Chupe certo!

Esbofeteia-me. Flagela-me durante toda a noite com extrema selvageria. Fiquei com hematomas horríveis, o osso do esterno magoado, um inchaço roxo entre as mamas. Tonturas constantes nos dias que se seguiram, devido aos violentos pés-de-ouvido. Mas continuei sussurrando:

— Ai, meu amor! Ai!

— Tire a roupa.

Fiquei de sutiã:

— O sutiã também! Vamos!

— Não posso deixar o sutiã?

— Tire! Quero bater neles!

Surrou os dois seios, o que me deu enorme prazer. Depois, já engatados, não deixava eu me saciar. Acertava-me a cara a cada expressão prazerosa que surpreendia. Xingava-me de puta, vadia, vagabunda, cadela.

Montada nele, de costas, delirava: "late que nem uma cadelinha!", "você é uma vaca, sabia?", "você é uma égua!"

Bate-me na vagina alucinada e repetidamente, o sexo inteiro dentro dela. Morde-me as costas, raivoso. Pouco faltou para arrancar um naco, a mancha negra e carmim que ficou depois foi assustadora.

No entanto, a minha paixão por ele anestesia dores, mágoas, eu me entrego. Ele continua espancando os meus seios.

— Deite agora!

— Não, não! Vou gozar!

— Estou mandando deitar!

Deito-me e ele me penetra outra vez, iniciando a saraivada de bofetes no rosto, violentos, ensurdecedores. Meus ouvidos zunem, o prazer cede lugar ao terror.

— Não me machuque!

— Quero ver você dando pra outro homem! Quero ver outro te comendo!

... como se eu não estivesse mais ali. Não me ouve. Está só com sua tara.

Quero chorar, mas me controlo. Quero satisfazê-lo, quero que ele me ame! Quero que se sinta preso a mim como estou presa a ele. Que dependa de mim como dependo dele.

Ele continua:

— Tem que ser um amigo meu.

— Dois homens?

— Você ia gostar, não ia, vagabunda?

Não quero dar pra outro.

— Então eu como outra mulher na tua frente!

— Não, não quero ver você comendo outra mulher!

— Eu como você também, boba!

Desanda a sugar avidamente os seios:

— Uma amiga tua. Aquela loira, que tal?

Refere-se à L. Morro de raiva.

— Amiga, não. Então prefiro um homem.

— Você deu pra outro esses dias!?

— Não, não dei. Eu só dou pra você.

Ele é tomado de incontrolada agressividade e desprezo:

— Você não significa nada pra mim!!

— Você é louco por mim!

— Eu?? Pra mim você é nada!

— Pois eu te adoro!

Então vira uma fera. Acelera as bombadas:

— Não é a mim que você adora. Você adora o meu pau! Estou aqui pra te satisfazer! Sou teu homem-objeto.

As encaixadas são cada vez mais frenéticas:

— Você nunca teve um pau como esse!

— Eu adoro esse pau! E você? Já teve uma boceta como a minha?

Uma bofetada, muita raiva. Olhos brilhantes de ira:

— Já tive mais de mil bocetas!

— Então coma esta aqui!

Como eu estava novamente menstruada e outra vez prestes a ter orgasmo, B decidiu me castigar, enrabando-me. Peço, suplico, imploro que não, não faça, me debato desesperadamente, mas ele me estupra.

Imobiliza-me de quatro, e introduz-se em mim com extrema brutalidade. Não consigo parar de tremer e chorar; soluço, mas isso só aumenta seu tesão e ódio. Além das fincadas brutais, ganho furiosas taponas e mordidas nas costas.

Após inesgotáveis minutos me atira na cama deitada, e entra na vagina:

— Quer gozar agora?

Ainda chorando, respondo que sim. Ele tem um sorriso cínico:

— Só que agora já passou tua hora de gozar...

Então, antes que eu possa ter qualquer deleite, movimenta-se velozmente dentro de mim e ejacula. Tenho cólicas uterinas e uma dor aguda no reto. Ele me olha:

— Teu marido batia em você?

Tenho um ímpeto malcriado, respostinha espirituosa:

— Não, ele fazia como você: só batia nas outras.

Segue-se uma leva de bofetadas.

Ele levanta-se. Ainda nu, pênis ereto, vai abrir a porta do quarto para ir ao banheiro. Mas terá que passar pelo corredor.

— Não vá! Tem gente na casa! Vista-se.

Vira-se, com um ar feroz, os dentes cerrados:

— Não grite comigo!!!

— Não estou gritando! Só disse...

Avança para mim e me bate muito. Agora bate fora do ato sexual. Está louco, eu nunca vira um homem nesse estado, não posso entender sua loucura! De repente, desata a rir:

— Sou um cafajeste!

Admira-se demoradamente ao espelho:

— Comi todas as mulheres que quis. Menos uma, uma namorada. Foi a única que eu gostei de verdade!

— Você tem muitas mulheres?

Fica feroz outra vez:

— Eu não ando com mulheres! Só tenho você. Eu trabalho! Pensa que minha mulher não me controla?!

— Detesto a tua mulher.

— Não abra a boca para falar da minha mulher!

— A diferença entre você e eu é que eu tenho berço; educação. Você não teve isso!

Contraiu-se:

— Agora você me magoou! Se eu não fosse educado não poderia ser garçom.

Na saída, um beijo:

— Tchau, amor. Até daqui a dois meses!

Embarca num carro preto:

— Troquei de carro, viu? Na próxima vez vou te bater com um cinto.

Parte, na névoa da madrugada. Entro e desabo num choro convulsivo. Agora, além de tudo, não me deixa mais ter prazer! A coisa se deteriora rapidamente. "Isso vai acabar", decido. Mas vou olhar as manchas no corpo, os hematomas todos, e não posso deixar de me sentir encantada...

6 de maio — sexta-feira

À tarde vou à farmácia e compro um estoque de camisinhas e um lubrificante, já que terei que suportar o sexo anal. Depois arrumo as camisinhas numa caixa de metal dourado e guardo na minha cômoda. Espero B muitas vezes ainda...

Então tenho uma idéia. B quer fazer sexo com outro homem junto; decido que será mesmo um amigo dele, mas eu vou escolher! Descubro o nome do garçom dos braços fortes — MN — e faço uma ligação anônima.

Ele me conta ter 23 anos e ser de fora, do interior. Parece ávido em conhecer uma mulher. Conto-lhe minha idade e ele se anima mais, diz gostar de mulheres mais velhas. Talvez seja interesseiro.

À noite, vou jantar no Dom G com uma amiga, com TY. O movimento na casa é intenso e eu fico todo o tempo observando o meu garçom trabalhar. Tão compenetrado, delicado, solícito, não parece em nada o monstro sexual que conheço. Nossos olhares se cruzam muitas vezes, sinto imensa ternura vendo-o assim.

Minha amiga, que já está sabendo do telefonema para MN, manda chamá-lo através de B. Ela conhece MN e me apresenta a ele. Talvez estivesse desconfiado, porque me dirigiu o olhar algumas vezes, durante a noite.

Enquanto conversamos com MN, B presta atenção e me sorri, os olhos cheios de malícia. Talvez pense a mesma coisa que eu.

Sinto um aperto no peito, pois queria que ele tivesse ciúmes. Mas seu sorriso é de puro prazer, parece querer me incitar para cima de MN. Minha amiga vai ao toalete e ele se aproxima:

— Como você pode andar com essa mulher? Uma bêbada!

Não sei por que não gosta de TY. Estará preocupado comigo, com minhas amizades? Peço para fazer o cálculo de nossa conta. Puxa uma cadeira. Pergunta, servil:

— Posso?

Tive vontade de chorar. Enfim, tão natural, adoro vê-lo assim. Tornou a atacar TY:

— Detesto essa mulher! É nojenta!

Deixara de ser o garçom solícito, confiava em mim.

— Estou toda quebrada. Tonta há dias, das pancadas.

Ele ergue os olhos:

— Não acredito!

Um pequeno sorriso divertido:

— Eu bato forte, né? Não vou mais bater.

Burrice clássica de mulher? Achei que era sinal de afeto. Arrisco:

— Só carinho?

Cerrou os punhos:

— Você gosta de apanhar, eu sei. Preciso bater mais devagar daqui pra frente!

9 de maio — segunda-feira

Ainda na corte a MN, mando uma caixa de bombons de cereja. Pra combinar com sua boquinha vermelha. Ele irá cair na minha? E depois, vai aceitar satisfazer as fantasias de B?

10 de maio — terça-feira

Vou tomar um táxi para ir à parapsicóloga e dou de cara com B. Ele está dentro do carro, estacionado em frente ao restaurante, de porta aberta. Ouve uma música muito alta. Olha mas não cumprimenta. Dá a partida no carro e sai cantando os pneus.

No fim da tarde, relato ao dr. Z a última noite com B. Ele me olha preocupado. Pela primeira vez fala francamente do meu amante:

— Esse homem é um psicopata.

Não entendo. Psicopata? Que raiva eu tenho do dr. Z quando começa a tentar destruir algo que adoro! Tenho vontade de levantar e sair dali.

— Ele vai te matar. Disse que vai bater com cinto, depois perde o controle e aperta teu pescoço.

Imagine! Isso também já é um horror!

— Tem perigo dele me bater em público?

— Não, nenhum perigo. Esse é o gozo dele, tem vergonha.

— Por que ele não bate na mulher?

— Ele só bate em puta. A mulher ele liga em outro registro. Você, pra ele, é a puta. Quando te conheceu e passou a te seduzir com olhares, teve certeza de que você era uma devassa e gostava de apanhar. Isso o atraiu.

— Mas eu não gostava!

— Ele tinha certeza que sim. Pelo modo como age, demonstra ter muita experiência. Tudo o que faz com você não é novo pra ele. Procurava uma vítima. Encontrou-a em você.

Meus olhos estão úmidos. Mas o doutor continua:

— Ele jamais vai se apaixonar por você. Ele é perverso, e para o homem perverso só importa a perversão, nunca a mulher.

Meus olhos se encheram de lágrimas:

— Quer dizer que ele não se importa comigo?

— Se é mesmo um psicopata, significa ser incapaz de se colocar no lugar do outro, avaliar sentimentos. Não sente culpa, por não saber o que significa a dor do outro. Por isso esses doentes matam e podem levar uma vida normal. Diferente do psicótico, ele não sofre com sua loucura.

— Quer dizer que estou amando uma parede?!

— Exatamente. Ele é incapaz de sentir amor. Mas caso se apaixonasse pela puta, entraria em parafuso. Se isso acontecer, apaixonar-se, não conseguirá mais fazer amor com você. Vai broxar.

— E a mulher dele? Como tem uma relação normal com ela?

— Com ela criou a ilusão de viver uma vida normal. Mas é uma ilusão, um condicionamento. É incapaz de amá-la também.

— Então tudo que tenho a fazer é continuar sendo a puta?

— Somente a puta. Nunca a mulher apaixonada. Mas

por que quer fazer esse papel? Ele é perigoso. Até aqui você brincou de levar uns tapinhas. Mas pra ele é de verdade. É sadomasoquismo real. Você deve desistir desse homem. Acabou a brincadeira.

— Mas não posso!

— Então você vai morrer. Porque ele ainda te mata.

Meu Deus!

À noite ligo para ele e pra variar diz estar ocupado. Disse que talvez viesse me ver. Esperei, esperei e nada. Nem uma ligação.

13 de maio — sexta-feira

Tudo o que o dr. Z falou sobre B já apaguei do pensamento. Não posso aceitar essa visão horrorosa. Isso significa caminhar para a loucura!

Ontem mandei presentear MN com uma caneta-tinteiro. Liguei em seguida e marcamos um encontro para hoje à noite.

De noitinha ligo para B. Ele diz estar com problemas em casa, mas assim que resolver me procura, vem me visitar.

— Por que você me faz correr atrás de você?

— Não é correr atrás. Eu te ligo. Agora estou ocupadíssimo.

Desliga. Fico furiosa. Está me dispensando? Escrevo mais uma carta, cheia de ódio e de medo:

> *"Você tem 3 dias para me procurar, a contar da data que receber esta carta. Findo este prazo tomarei providências que podem ser bastante desagradáveis, portanto não pague pra ver, B; você não conhece a extensão do meu desespero nem sabe dos meus sentimentos por você.*

Sei que está surpreso com essas palavras, mas, creia, eu não pretendia dizê-las, mas você me obriga a isso. Liguei na terça e pedi que viesse me ver, você disse que talvez não pudesse mas também não me procurou na quarta. Você está minando minhas forças e eu não posso continuar assim; não vou abrir mão de você, estou apaixonada, ou você acha que eu permitiria que qualquer homem me pregasse a mão na hora do sexo? No nosso último encontro você me ofendeu, disse que eu não significava nada pra você, que queria ver eu me entregando a outro homem... Não quero mais ouvir isso, meu amor, quero beijar você, conversar com você, quero acariciá-lo, os tapas pertencem a uma fantasia, eles me ajudam a gozar e te satisfazem também, você gosta de me bater, mas isso não significa que possa me humilhar fora da cama, que possa me tratar com desdém, como uma mulherzinha à-toa que eu não sou. Estou perdida de paixão, estou louca de dor, B, não brinque com o coração de uma mulher, eu não sou uma mulher qualquer, sou uma artista, sensível e inteligente, você tem que me valorizar, meu amor; eu disse a você que não ia interferir na tua vida e não vou, disse que respeitava teu casamento e respeito, mas quero algo em troca, B, sou tua amante e quero você na minha vida, muito mais que uma hora a cada duas ou três semanas.

Nem pense na hipótese de me descartar da tua vida enquanto estou apaixonada, dependo sexualmente de você, não consigo mais ter prazer com outro homem; sou tua e você tem que dar conta de mim.

Precisei de muito desespero pra escrever todas essas coisas, mas enfim, essa é a verdade: continuo fazendo o teu jogo, porque quero te satisfazer, você é meu homem e quero que se realize na minha cama, mas você precisa ter mais cuidados comigo, amor, precisa cuidar mais de mim.

Creio que deveríamos conversar, creio que você deve arranjar mais tempo pra mim. Se você só trabalha à noite pode me ver durante o dia, a gente fica junto tão pouco, e sempre naquela afobação, a urgência do sexo e a urgência tua de voltar pra casa. Aquela noite, aí no restaurante, em que você sentou na minha mesa, e conversamos um pouco, eu senti o quanto precisava disso, conversar com você, ainda que bobagens como naquela vez.

B, me ajude a entender o que está acontecendo, não quero nunca te fazer mal mas então não me faça mal também; preciso de você mais vezes na minha cama, só posso gozar com você, meu amor, não me deixe assim tão insatisfeita, e com tanto medo de te perder; tente me compreender, por favor; se não sente nada por mim, por que me escolheu? Abri o jogo com você, faça o mesmo comigo; preciso de você, venha me visitar imediatamente, amor, não ouse ignorar esta carta, cansei de te procurar, não quero fazer nada de que mais tarde me arrependa, quero continuar sendo dócil mas me ajude, B, me procure em três dias, beijos, tua Alma"

Comecei a carta ameaçando, mas depois me derreti. Eu acreditava firmemente que vivia uma relação amorosa, a despeito das evidências e das palavras do dr. Z. Não podia crer que ele fosse realmente um tarado e eu somente uma isca.

O fato é que sempre me dá explicações ao telefone, diz os motivos pelos quais não pode me ver, promete entrar em contato, trata-me com delicadeza; eu me apegava a esses detalhes, diferentes da sordidez da cama. O dr. Z. dessa vez só pode estar equivocado!

B não se parece com um psicopata! Talvez infantil, machista, violento, tarado, fetichista. Mas todo homem é um pouco tudo isso. Ele parece querer me conservar, então não pode ser um psicopata...

Mas apesar desse meu raciocínio desesperado, o fato é que não enviei esta carta a B. Instintivamente eu sabia que uma carta como essa poria tudo a perder.

Ao invés disso, fui ao encontro de MN. À meia-noite, conforme combinado, ele apareceu numa livraria. Apresentei-me, ele ficou muito corado. Sentamo-nos num barzinho e ficamos conversando. Ele era doce e meigo. E parecia estar com medo. Mas forcei-o a ir para um hotel comigo.

No quarto antigo, nos despimos e então ele me beijou. Nenhuma violência, nenhuma paixão. O sexo não foi lá aquelas coisas. Foi tudo muito rápido, achei-o inexperiente.

Secretamente, durante a noite, luzes apagadas, chorei pensando em B. No dia seguinte almoçamos, e dessa vez MN pagou. Talvez se sentisse envergonhado por eu ter bancado o hotel. Mas deixou escapar que estava precisando de uma "madrinha"... talvez por eu descartar essa hipótese, tenha se desinteressado depois.

Deixei-o perto do Dom G, e voltei para casa com a firme certeza de que não teria coragem de convidar um anjo feito MN para transar comigo e B.

16 de maio — segunda-feira

MN havia marcado de me visitar no sábado. Não veio. Hoje liguei para o restaurante e fiquei sabendo que ele pediu as contas e voltou para sua cidade. Fico só com B.

À noite vou ao Dom G com TY. Ele, como sempre, passa o tempo todo me observando. Depois foi tudo muito rápido. Ela levantou da mesa e ele se aproximou. Estendeu-me a mão como a uma velha amiga. Nunca sei o que esperar de B.

— Por que não me ligou mais?

— Vou ligar, ainda vou ligar — ele respondeu.

— Por que não saímos e vamos a um bar?

— Pra quê?

— Sei lá. Conversar.

Há algum tempo quero sair com ele, ir a algum lugar e me descontrair; um lugar que não seja a cama.

— Pra quê? Na tua casa é melhor. É mais perto.

Ele quer mesmo restringir nossos encontros. Não quer namorar.

— Melhor do que ligar, vou lá hoje à noite.

— Ah é? Que bom!

— Mas quero que você faça uma coisa para mim.

— O quê?

Ele pareceu sem graça. Sorriu:

— Loucura da minha cabeça! Ligue depois pra eu te dizer o que é. E já sabe: nada de cigarro!

Afastou-se estufando o peito e passou o resto da noite me comendo com os olhos. De certo modo eu estava feliz que MN tivesse desaparecido, agora não teria que transar com um amigo de B.

Voltei para casa apreensiva: o que ele queria dessa vez? Que me vestisse de puta? Que transasse com alguma mulher? Ou coisa pior??

Meu Deus, o que será dessa vez! Deixei passar uma meia hora e, hesitante, liguei:

— O que você quer que eu faça?

— Eu quero que você depile "ela". Deixe ela toda peladinha.

Mando meus filhos se trancarem no quarto à meia-noite, quando ele chega. Minha mãe dorme, como sempre.

Estaciona o carro, campainha. Eu estou pronta, morrendo de aflição. Ele entra afobado, dizendo que tem pressa.

No quarto, despe-se, de pé. Fica nu rapidinho, o falo rijo. O peito coberto de pêlos, a pele morena, meu coração transborda! Ar lascivo nos olhos. Agarra-me, voraz, e começa a me beijar na boca. Língua macia, lábios quentes, o aroma que emana de todo seu corpo me entorpece, fico trêmula de desejo.

Desespero. Gemidos. Arranca-me a blusa, me joga na cama:

— Você fez o que eu pedi?

— Deixei ela carequinha.

Ajoelha-se e tira minha calcinha, olhando deliciado a coisinha nua:

— Que labião!

— Você gosta?

— Claro que gosto!

Concentra-se em explorar a vagina com as mãos, levando-me ao exaspero. Arranca os seios do sutiã e põe-se a sorvê-los, agoniadamente.

— Chupe a boceta.

Hesita, olhando firme para ela:

— Outro dia. Hoje não.

Morde os mamilos e agita o clitóris. Ordena:

— Masturbe-se.

Inicio as carícias, enquanto ele observa e devora os mamilos:

— Gostosa!!

Beija-me a boca longamente, a língua me invadindo. Estamos desesperados, parece que não nos tocamos há uma década; famintos, sedentos, mastigamo-nos!

— Hoje não vou te bater!

— Não! Eu quero que bata!

— Só porque você quer eu não bato.

Deita-me e então me possui:

— Meu macho! — suspiro. — Meu amor! — soluçando.

— Não diga meu amor!!

Fica com raiva. Começam as pancadas no rosto.

O quarto começa a girar, no entanto eu estou feliz:

— Bata com força!

Duas taponas sobrevêm. O mastro dele me escava. Os tapas estalam na noite imensa. Sussurros e gemidos. Sibila no meu ouvido:

— Goze, filha da puta!

Sinto-me incomodada com o palavrão. Quero que ele pare. Uma lágrima brilha. Alheio a meu sentimento, ele se recosta nos travesseiros e eu monto. Puxa minhas pernas para a frente, enterrando até a última pele:

— Deixe eu olhar para ela.

Afasta meu tronco para assistir ao espetáculo do pênis sovando a vagina; põe-se a surrá-la, fazendo-me gritar descontroladamente, tanto o prazer como a dor me tomam.

Bate, bate e grita:

— Você é uma vaca, sabia?

Estiro-me sobre seu corpo, quase gozando. Estou louca.

Ele segura uma mamica na mão, com a outra açoita-a. Isso me leva ao delírio. Bate fortemente na teta, para em seguida lambê-la e tamborilar a língua no biquinho excitado. Tem as pupilas dilatadas, esgar de delícia na face safada. Depois a mesma manobra no outro peito. Finalmente agonizo, rebolando loucamente.

— Goze, cadela!!

Procuro sua boca, engalfinhamos as línguas: gemidos, gemidos, anseio por sua amizade, um carinho, sorrisos. Estapeia-me as faces e mete uns dedos no meu rego. O gozo começa a me invadir outra vez. Aperto-o, em meio a um grito. Aperto-o.

— Você deu pra outro depois de mim?

— Dei.

— Pra quem? Pra quem?

Está completamente tarado. Aumenta o tranco:

— Pro MN, não é?

— Credo, que idéia!

Como ele já sabe disso? Ou desconfia? Ele não me ouve:

— Vou trazê-lo pra trepar conosco!

Abraço-o. O ato sexual prossegue, eu por cima dele. Estou excitada outra vez. Rebolo com fúria:

— Mije em cima de mim! — pediu, num alvoroço.

— Mijar?? Como?!

— Mije no meu pau!

— Mas não posso, não posso!

— Fique de quatro!

Arregacei-me para ele, abrindo as pernas e as nádegas. Então ele enfia uns dedos no meu rabo e começa a sovar minha bunda.

Depois me submete. Senta-se e me gira, atraindo para si as minhas pernas. Cingimo-nos com desespero, beijos molhados. Brincamos de gangorra: travamos uma espécie de luta, os corpos se embatendo um no outro, como se quiséssemos furar as carnes. Ele me morde e obriga:

— Deite.

Deito e, em seguida, ele se deita também. Encaixa-me por trás, puxando meu quadril sobre o ventre. Nessa posição, a excitação dobra, ele pode agitar meus mamilos com mãos e boca, além da fricção manual no clitóris.

Ficamos intermináveis minutos assim, nos comendo e esfregando. Sinto-me aconchegada, estou indo ao delírio.

Agora ele me rende, deitando-se sobre mim e me apertando. Tapas febris nas faces, enquanto se introduz profundamente.

Agarro-me nele como numa tábua. Sussurro:

— Mais forte! Mais forte!

B acelera os solavancos e partimos numa procura atormentada de alívio. Meu corpo estremece e ele me come com mais fúria, cada vez mais fúria, eu sinto o retesar súbito de todos os seus músculos, os dedos pressionando minha carne. Então explode em fruição feita de urros, ira, sede. Um bicho!

Alívio finalmente. Ele cai sobre meu corpo. Veste-se rapidamente, jaqueta jeans sobre o peito nu, os pêlos negros e as tatuagens. Olha-se ao espelho. Puxo-o por um braço:

— Vem aqui. Me abraça! Não gosto que faça amor e levante assim, não gosto que me trate como uma puta, sempre como uma puta!

Abraça-me, olhar aturdido:

— Mas pra mim você é puta!

— Mas só pra você.

— Você não é puta??

Sorrio:

— Quero que você venha me ver mais vezes...

— Não posso. Tenho que dar conta de minhas outras amantes.

Sem querer, acerto-lhe um tapa na cara. "Agora vai me matar", penso. Mas que nada! Ele sorri:

— Pensou que fosse a única?

Aquele perfil másculo de barba negra por fazer, o perfume enlouquecedor da tez morena, a força angulosa dos braços... fui arrebatada por esse homem, sou dele, eu pertenço a B!

— Não vá ainda, vem!

— De jeito nenhum! Tenho que chegar em casa e ainda pegar minha mulher.

Desvencilha-se com uma risada marota. Desgraçado!

— Você tem outras mulheres além de nós?

— Claro que não! Trabalho muito e minha esposa me controla. E pára com esse ciúme que você não tem direito!

— Odeio a tua mulher!

— Cale essa boca! Não toque no nome dela!

— Vou contar tudo pra ela.

Apertou meu rosto entre as mãos, não estava brincando:

— Se você fizer isso, digo que você é louca! Vai ser sua palavra contra a minha!

— E se eu tiver provas? Uma gravação?

Agarra-me e me sacode:

— Se você fizer isso eu te mato!!

— De pancada?

Empurra-me:

— Não. De outro jeito. Quer saber qual? Você não me conhece, não sabe do que sou capaz!

Apruma-se diante do espelho, admirando o peito nu sob a jaqueta.

— Meu analista diz que você é louco.

— Você fala de mim pro analista?? Não te disse que é segredo?!

Olha-se demoradamente ao espelho:

— Ele acha que eu sou louco, é?

Deixo-o no portão. Ele embarca no carro negro:

— Diga pro teu analista que eu só bato em você porque você adora apanhar.

17 de março — terça-feira

Consultório do dr. Z. Conto, envergonhada:

— Meus filhos ficaram no quarto ao lado enquanto eu transava.

— Não é a primeira vez que eles estão "presentes". E dado o modo como vocês transam...

— No outro dia meu filho falou que ouviu umas pancadas. "Ele está batendo na mãe", pensou.

— O que você lhe disse?

— Disse que não.

— Só isso?

— Ia dizer o quê?

— As crianças deviam ser deixadas fora disso. A que ponto você está chegando! Por que não vão a um motel?

Explico que B não quer. Não quer ir nem a um simples bar.

— Claro que não. Ele não namora você. Sequer se relaciona.

— Diz que minha casa é mais perto.

— Ele não quer vínculos. Vai na tua casa quando dá na telha. Não precisa de você.

— Você sempre quer me desestimular!

— Mas afinal, o que está esperando desse caso? Acha que ele vai gostar de você? Deixar a mulher e se casar?

Silêncio. Por incrível que pareça, é isso mesmo que estou esperando. Que ele queira ficar comigo. Que descubra seu amor por mim. O dr. Z. continua:

— Isso nunca vai acontecer. O que pode acontecer é uma tragédia.

— Ele me matar?

— Eu já te alertei. Não posso forçá-la a abandonar essa relação doente.

— Não vou abandonar. Não posso.

A análise está me incomodando. Tudo que faço no consultório é contar o que me acontece, não me acrescenta nada, pois não quero ouvir o dr. Z. Penso seriamente em abandonar a terapia.

19 de maio — quinta-feira

Pela manhã vou a uma taróloga e ela abre as cartas para mim.

Diz que essa relação não vai durar e fica espantada quando lhe conto que B me bate durante o ato sexual. Decide submeter-me a uma sessão de renascimento, o nome que dá à regressão a vidas passadas.

Durante a sessão, recordo que B me assassinou, numa vida anterior, de forma traiçoeira. Era meu amigo mas me traiu e me matou.

Na saída encontro JL, um antigo namorado. Ele me convida para ir a seu escritório, que fica na mesma rua da taróloga. Fazia anos que não nos víamos e estou feliz por encontrá-lo.

Acabo cedendo à sua pressão e durmo com ele. Mas não resta nada do encanto de tantos anos atrás, JL está sexualmente fraco.

Saio decepcionada. Só conseguirei ter prazer com B? Nem mesmo com JL mais??

25 de maio — quarta-feira

De manhã vou ao ateliê de gravura e apanho meu estilete. Vou cortar fora o pênis de B.

À noite vou jantar no Dom G. Por azar havia a comemoração de um aniversário, o que manteve B muito ocupado. Perguntei se podia me visitar hoje mas ele diz que talvez vá sair muito tarde. Ainda assim atende a nossa mesa e encontra tempo para ficar me seduzindo com seus olhares. Quando fico sozinha na mesa, chamo-o mais uma vez. Peço para vir hoje. Ele diz que, se não sair muito tarde, irá sim. Mas talvez precise trabalhar até uma e meia, mais ou menos.

Um amigo de TY chega e senta-se conosco. É D. Fica me paquerando a noite toda e depois diz que estou perturbada porque não sei o que fazer com a atração que sinto por ele. Tudo muito esquisito. Fica esfregando a perna na minha por baixo da mesa, e fico preocupada porque B pode ver, mas no fundo quero que ele veja mesmo, então deixo. Mas ele não percebe nada.

Exatamente às dez e meia está sem uniforme, dentro do balcão. Mais alguns minutos e atravessa a porta de saída. Apenas olha rapidamente nos meus olhos e sai.

Eu sei o que isso significa.

D fala que me espera dentro do carro. Sai e logo em seguida eu saio com TY. Não vou me encontrar com D, é claro.

Vou para casa e choro o resto da noite. Sei que o curso da depressão fica cada vez mais perigoso. Mas tudo que preciso é dormir, amanhã eu esqueço: devo continuar crendo que temos um relacionamento, B e eu.

27 de maio — sexta-feira

Volto à sessão de renascimento e descubro que B também tentou matar-me numa outra vida, mas sem sucesso. Jogou-me ao mar, de um navio, e fui salva por meu pai dessa encarnação.

Ao sair da esotérica, volto ao escritório de JL. Estou desesperada e preciso transar com ele. Mas JL está com problemas sexuais, eu já havia percebido da outra vez. Fico humilhada e isso me faz sentir arrasada.

Não tenho saída. A depressão aumenta.

30 de maio — segunda-feira

Vou à noite no Dom G, mas B não me dá muita bola. Não me olha muito. Isso me exaspera, quero-o hoje! TY decide, de casa, ligar para ele fazendo-se passar por mim. Pede que ele venha vê-la. Ele estranha um pouco a voz e ela diz que está bêbada.

— Não posso ir. Vai ter um churrasco aqui depois do trabalho.

— E daí?

— Daí posso ter uma congestão.

— E você prefere uma carne morta do que a minha, bem viva?

— Quer me ver tanto assim? Vou amanhã!

— Amanhã não quero. Hoje ou não vai ter mais.

Ele não dá resposta, mas TY garante que ele virá.

À meia-noite a campainha toca. TY ainda está em minha casa, ela e minha filha sobem para o ateliê, ele não pode saber que estão lá.

Está excitado:

— Umas cervejinhas e você já fica alta?

Abro o portão:

— Está com vontade de apanhar?

Vou ao banheiro e quando chego no quarto, ele está deitado na cama, de camiseta e meias, sem cuecas; o sexo, rígido, se eleva da mata negra.

— Tire logo esse vestido ridículo.

Faz frio. Tiro a roupa e me aninho em seu corpo cálido. Beijo-o todo.

Ele levanta-se abruptamente e começa a vasculhar meu armário. Encontra os espartilhos:

— O que é isto? Por que nunca usou pra mim??

Escolhe o de cor negra:

— Vista este aqui.

Não quero vestir, digo que usarei outro dia. Ele parece não se importar. Deita-se e tira a camiseta:

— Já nasceram os pêlos nela?

— Nunca mais vou depilar.

— Você faz o que eu mando!

— Chupe hoje a minha boceta!

— Não gosto de chupar boceta.

Em seguida, ordena:

— Deite, se masturbe!

Inicio as carícias e ele se põe a sorver sofregamente meus seios:

— Quero bater nela!

Concentra-se em castigar veementemente a vagina.

— Quer apanhar com cinto?

— Quero!

Apanha o cinto:

— Fique de quatro. Abra as pernas.

Obedeço. Totalmente tarada fico de quatro sobre a cama e abro bem as pernas. De pé, B começa a chicotear minha bunda e a vulva. O prazer é enlouquecedor. Eu rebolo e me contorço, sempre gemendo.

Quando resolve parar é por causa do barulho; larga o cinto e me besunta de saliva:

— Vou comer esse rabinho!

— Não, assim não! Quero gozar!!

— Goza pelo rabo, é muito mais profundo!

— Não!!

Ele não quer nem saber de meus protestos. Com estupidez introduz o pênis. Começo a gritar de dor e pedir que pare. Impaciente, finalmente tira de trás e me arregaça a gruta. Agora é muito bom, eu rebolo e começo a gemer, gemer.

Recebo golpes de mão nas faces, boca, mamas.

Depois deita-se e ordena:

— Monte!

Monto e o abraço. Sussurro em seu ouvido:

— Eu te amo!

Olhos de raiva:

— Você é louca pelo meu pau! Pare de dizer besteira.

— Você nunca quer me ouvir! Você...

Corta-me rispidamente:

— Sem conversa! Meta!!

— Meu amor!

Esbofeteia-me:

— Não diga amor!!

Agarra-me, loucos beijos. Rolamos pela cama. Ele me possui, o corpo másculo sobre o meu. Gosto quando ele me come assim, simplesmente um homem possuindo uma mulher. Quase desfalecida, agarro-me nos seus cabelos, beijo-lhe a boca, ouvidos, pescoço:

— Você gosta de me comer?

— Gosto, gosto — ele sussurra.

— Então me coma, me coma inteirinha...

Mais umas bombadas furiosas e depois me coloca de quatro. Toma o cinto e põe-se a chibatar minhas costas e ancas, deixando vergões. Abro as nádegas com as mãos e ele bate bastante nelas e na vulva.

— Enfie o dedo no rabinho! Enfie!

O cinto sibilando na noite, ele introduz um dedo no traseiro fogoso e entranha-se na vagina; começo a gritar, louca de prazer, não posso mais parar de gritar e rebolar furiosamente.

Então B larga o cinto e aperta-me os flancos com vigor: entra-e-sai enérgico, sou tomada de cólicas uterinas intensas, que se misturam ao prazer; eu pulso inteira, estou furiosa, grito, grito. Ele dá início ao seu gozo, profundo, juntos vamos ao céu, polução voraz!

Caio, exaurida, ele desaba sobre mim. Eu amo esse homem! Eu sou dele, infinitamente.

— Você teve um caso com MN?

— Você sempre tem que falar nisso?

— Teve ou não teve?

— Tive.

— Deu pra ele?

— Dei.

Risinho sardônico:

— Ele é melhor que eu?

Risada de franco deboche:

— Carinhoso?

Depois mais sério:

— Ele é melhor que eu?

— Muito melhor — digo irônica. — Claro que não.

— Você pediu pra ele te bater?

— Claro que não!

Foi para a frente do espelho e começou a se vestir:

— Mulher apaixonada é uma merda!

— Quem disse que estou apaixonada?

Ficou desconcertado:

— Não está? Não está apaixonada, então?

Olha-me profundamente:

— E o dia que eu não quiser mais te dar o pau?

— Eu corto ele fora!

Talvez não brincasse. Ele ri, mas o estilete repousa sobre o parapeito da janela, atrás da cama. Ele não vê. Acho que eu queria que visse...

Amarra o sapato e levanta-se:

— Da próxima vez vou te enforcar com o cinto.

Abraço-o:

— O dia que você me deixar conto tudo pra tua mulher!

— Aí eu te mato! Eu sou louco, cuidado!

— Você é tarado!

— Eu não gosto de bater. Só bato porque você adora apanhar.

Abre a porta e sai. A névoa condensa a noite muito fria,

só os focos brilham. As casas, ocultas, dormem parecendo túmulos secretos.

Creio que começo a entrar em parafuso.

31 de maio — terça-feira

Estou no consultório do dr. Z:

— Ele já dá sinais de que vai bater asas.

— Por que diz isso?

— Quando perguntou o que você fará quando não lhe der mais o pau, significa que pensa em deixá-la.

Calo-me. Não perguntei ao dr. Z se vai me deixar. Ele me bateu com o cinto, como prometera. Agora diz que vai enforcar-me. Terá que fazer isso. Será o último estágio de seu roteiro?

— Pensa que isso pode durar para sempre?

Não pode ser o último estágio. Essa é só mais uma fantasia. Existirão outras, muitas outras.

— Você deve pular fora agora, antes que ele te enforque com o cinto.

— Por quê? Você disse que ele não tinha planos de me matar!

— Mas é agora que pode acontecer um desastre!

— Talvez não seja na próxima vez...

— Talvez não. Mas logo acontecerá.

Continuo alienada:

— Será que vai doer?

— Ele vai te asfixiar. Há pessoas que sentem prazer intenso assim. Mas é preciso conhecer profundamente a técnica.

— Você acha que ele conhece?

— Talvez. Não sei. Mas você quer chegar a esse ponto?

Fico muda. Quero ir embora dali. Ele continua:

— Por outro lado, se não chegar, ele terá que procurar outra vítima. Já pensou como seleciona suas vítimas? Quantas terá tido durante a vida? Quem é você na vida dele?

Quero que o dr. Z se cale. Mas ele continua:

— A coisa está chegando num ponto que você não podia prever. Nada de paixão, nada de amor, nada de amizade. Ele conversa com você? Ele se interessa por sua vida? Quanto tempo ele fica na sua cama? O que sobrará disso tudo? Você vive uma fantasia muito distante da realidade. Você está amando e sonhando que é amada. Mas não é. Vai se perder.

Saio do consultório decidida a abandonar a terapia.

Encontro Y na rua e vamos a uma *sexshop*. Estou envergonhada de entrar na loja, mas a causa é nobre: quero comprar um chicote.

O vendedor diz que não tem chicotes no momento, mas avisa que deverá receber em um mês. Diz que é preciso encomendar o pacote sadomasoquista, pois tem muita saída, esgota rapidamente.

Não encomendo nada, ligarei outro dia para fazer isso. Fico impressionada com toda aquela parafernália. Quero sair logo dali e acabo comprando apenas uma pomada.

1 de junho — quarta-feira

Como que tentando fugir ao domínio exclusivo de B, saio à noite com Y. Encontramos dois homens, um deles bem bonitão, que fica comigo. Y, embora casada, fica aos beijos com o outro.

Saio de carro com o homem, e ele, sei lá por quê, começa a dizer que me ama, que sou a mulher de seus sonhos.

Começo a ficar com medo: e se esse for o verdadeiro louco e resolver me matar? Peço que me leve logo para casa e termino aí a noite.

2 de junho — quinta-feira

Y marcou um encontro com seu paquera e vem à tarde a minha casa. Combinou o encontro ali, e mandou que o meu fosse junto.

Graças a Deus eles não apareceram e então, à tardinha, fomos a outro restaurante do mesmo dono do Dom G, onde bebemos e comemos. À noite fomos para o Dom G, e encontramos TY. Parecia uma noite qualquer, mas era a Noite N.

Eu tinha ido apenas para paquerar B. Ele serve nossa mesa e fita-me intensamente, como de costume. Isso me deixa feliz. Esse descompasso entre o tratamento rude que me dá na cama e o excessivo interesse fora dela, sempre me intrigou. Na verdade, é sua maneira de me cuidar. Penso que se trata de machismo no mais alto grau, coisa de homem que gosta de uma mulher e não confessa.

Nada disso. B está nervoso, derrubando talheres. Eu devia ter prestado mais atenção nisso, ele derruba talheres...

Na mesa ao lado, uma moça muito bonita me preocupa. B serve essa mesa. Vai olhar para ela? Disfarçadamente, eu estou atenta, mas não vejo nada; ou ele não se interessou ou discretamente se contém, devido à minha presença. Claro que eu prefiro pensar que só tem olhos para mim. Em todo caso, tem muita consideração. A moça sai e eu não me preocupo mais.

Acontece, então, um desses acasos, uma dessas coincidências de estar olhando para o lugar certo na hora errada.

Eu reparo num casal na mesa adiante. Chama-me atenção a incrível feiúra da mulher, uma coisa grotesca. Parece usar uma peruca de náilon; seu rosto é uma máscara, não sei se de maquiagem ou cirurgia plástica malfeita, ou as duas coisas, ou é mesmo tão feia que chega a parecer de louça, irreal. É velha, é absurdamente magra, deve ser muito alta — está sentada — e deselegante. Pateticamente vulgar, francamente asquerosa.

De repente, estremeço. Por instinto, adivinho o que fazem os olhos daquela bruxa brilharem. Estão fixos em um ponto, e esse ponto é móvel. O ponto circula pelo salão.

Não, ela não admira o corpo de um homem; seus olhos não dançam absorvendo aspectos físicos, ombros, boca, nádegas, mãos. O ponto é alto, altura dos olhos, e é num par de olhos que o olhar da criatura se fixa.

Ela está enfeitiçada. Acompanho a linha imaginária que parte dos olhos dela e descubro os outros dois olhos: são do meu B!!!

Ora, nenhuma mulher fitaria tão intensamente os olhos de um homem se esse olhar não tivesse a mesma intensidade para ela! A adrenalina viaja velozmente por meu corpo. Não pode ser! Mas é. Bastam uns segundos de atenção para perceber que, a todo momento, os olhos de B encontram os da estranha figura.

Ainda tento achar graça. Penso que ele está incomodado com a insistência do olhar dela.

O fato é que teria que ser muito perspicaz para perceber o olhar de uma cliente; a casa está cheia e quando se está exposto como um garçom num estabelecimento movimentado, quantos olhares não pousarão em você? Claro, o motivo é bem outro.

Continuo acompanhando B e a mulher da peruca. Ele, como sempre faz, no intervalo entre servir uma mesa e outra, recosta-se na parede diante da minha mesa. Só que, ao invés de surpreender seus olhares nos meus, surpreendo-os nos da alienígena de nácar. Vêm e vão, continuamente, compulsivamente. Ele a paquera!!

Então — numa fração de segundo — eu vejo! Ele dispara o míssil: bem em frente a mim, como algo que não pode absolutamente controlar. Pisca o olho esquerdo para a coisa, com um meio-sorriso sedutor.

Instantaneamente se dá conta de mim, e seus olhos abandonam os dela para aterrissarem rasantes nos meus. Não suporta meu olhar, seu rosto perde todo o semblante e mira para o nada, pálido, inesperadamente branco como cera. Meu coração gela. Na minha mente só vêm as palavras do dr. Z: psicopata! Psicopata! Viro a cabeça, não torno a olhar para ele. Quem é esse homem, meu Deus?? Quanto mais olho a plastificada criatura, menos acredito! Subitamente as minhas qualidades femininas parecem ruir! O que ele viu nela? O que viu em mim?!

Trata-se do maníaco do dr. Z, não há dúvidas! Mas eu ainda não entendo, uma mulher sem qualquer beleza ou atrativo, e na minha cara?! Por quê? Na minha cara?!

Ele está em pleno campo de batalha! Eu sobrei ali, não pôde se dominar apesar da minha presença.

Como o mais reles tarado que estupra e mata criancinhas, o imoral a viu e algo ocorreu no seu metabolismo que ele não governou, foi impulsionado, a febre que a simples antevisão do seu gozo lhe deu o empurrou, teve que cercar a vítima!

O seu critério agora fica arrasadoramente claro: não seleciona as mulheres, como todo homem, por tipo físico, ou predicado sexual. Não tem interesse financeiro ou necessidade emocional. Escolhe um tipo psicológico. Que tipo é esse? Eu ainda estava por descobrir. Esse desvio, por mais que eu tenha vivido, ainda é inédito.

Comento com Y:

— Ele está fazendo ciúme pra você! Se você perder para aquele "tribufu", o que te resta então??

Parece impossível. Ralmente, sob a ótica de um homem normal, é impossível! Mas o mais terrível é que, sob a ótica do dr. Z, é totalmente plausível, pior, é o lógico, o matemático, a única possibilidade, a peça que conclui o quebra-cabeça!

Meia-hora depois o marido da dama não está na mesa e B fica de pé, ao lado dela. Conversam. Ele fala com ela mas não tira os olhos de mim. Está visivelmente preocupado com a reação que eu possa ter. Posso estragar tudo, certo.

Que furo ele deu; eu podia estar servindo-o até hoje, alheia a seu defeito moral, aliviando uma necessidade mórbida e imperiosa que de outro modo o coloca no caminho das prostitutas, e o arrisca a contrair blenorragias, sífilis, Aids.

Será que ele faz questão de camisinha com meretrizes também, ou ele não se preocupa em engravidá-las? Ele me apavorou uma vez porque achava que sexo anal não precisava de camisinha! Pobre esposinha. B não imagina como singelas mães de família contraem essa doença letal?

A Aids veio para desnudar a sociedade, para colocar à mostra a perversão de homens como B, o meu querido. Que Deus proteja a esposinha, porque ela não tem mais a segurança do tempo em que eu era a prostituta de B.

Se ele não tivesse deflagrado o "míssil" diante de meus olhos, eu nunca saberia, e sua tara monstruosa permaneceria secreta. Por mais que o dr. Z falasse eu não teria as provas, eu não acreditaria, ninguém acredita em canibais, ninguém acredita em pederastas, em assassinos, essas coisas a gente só vê nos filmes americanos. Como B foi armar sua própria cama desse jeito?

Por que se meteu com uma mulher como eu? Ele deveria procurar conhecer melhor suas vítimas. Não devia torná-las apaixonadas por ele. Na verdade, pensando melhor, era mais seguro andar com prostitutas. Uma perversão como a de B é destinada às rameiras, pensava eu! Finalmente eu entendia para que serve o comércio de mulheres, meu Deus!

Ouvi quando ele disse para ela:

— Amanhã eu trabalho.

Estavam combinando um encontro. Y chama-o, pede doces. Eu sibilo no seu ouvido:

— Se você não acabar com isso, vou dar um vexame!

A resposta vem débil, sem vigor, nenhuma vitalidade:

— Não sei de nada.

Sai e volta com a caixa de doces. Torno a agredi-lo:

— Que mau gosto você tem!! Você é nojento! Asqueroso!

Em seguida, não agüento ficar ali. Levanto e vou para casa.

Mais tarde, TY e Y vão me ver:

— Nossa! Pra que tanto choro inútil? Ele te ama!!

— Assim que você saiu, derrubou uma pilha de pratos. Ficou nervosíssimo o resto da noite. E aquela mulher, ele a conhecia, era amigo do marido dela. Acompanhou-os até à porta, despediu-se dela chamando-a de "dona X" e saiu abraçado com o marido!!

— Não tirou os olhos de você a noite toda. Precisava ver na hora que tua filha apareceu, e você levantou pra falar com ela, o olhar fascinado dele para as duas!!

— Será tarado também por uma adolescente de 15 anos??

— Você está paranóica!

3 de junho — sexta-feira

Ligo para o dr. Z, aflita, e conto toda a história da noite anterior:

— Você ficou ofendida porque era uma mulher feia e velha?

— Tinha mais de 50 anos. E era horrorosa!

— Para ele, idade e aparência física não importam. Agora isso ficou claro. Importa o que ele pode fazer com sua vítima.

— Então ele não paquera? Elege uma vítima?

— Você sabe disso. Não olhava para você todas as vezes, mas algumas.

— Quando eu estava sentada na mesa.

— Quando podia te estudar melhor.

— O que viu em mim?

— Talvez o mesmo que nessa mulher. Quem pode saber?

O dr. Z, como sempre, consegue me alterar, em vez de aliviar.

— Não acredito. Isso muda tudo!

— Não. Isso só confirma tudo. Você é que insiste em olhar por uma ótica do avesso.

— Você não me consola nada.

— Mas não há consolo. Trata-se de um tarado. Pensou que só era tarado por você??

— Então ele realmente paquerou minha irmã! Piscou pra ela!

— Sua irmã, de certo modo, é muito parecida com você. Encanta-se fácil com um homem, e vai logo dando bola.

Fico nervosa. Começo a chorar.

— Está chorando?

— Não dá pra agüentar ouvir você dizer essas coisas!

— Não dá pra agüentar essa nova realidade?

Fico em silêncio. Dr. Z continua:

— Você queria encontrar o amor num tarado?

Desligo o telefone. Estou mais arrasada agora do que antes de ligar.

5 de junho — domingo

Nos próximos dias eu me sentia flutuando entre o meu sonho e essa nova realidade. Tentava, de todas as formas, acreditar nas palavras de TY e Y, elas deviam estar certas, eu estava cega de ciúme, construía fantasmas. Ele quisera me ferir piscando o olho para a mulher que, afinal, era sua amiga.

Por causa — eu sabia de quê —, por causa de MN! Claro! MN é seu colega, eu dormi com ele e B sabia. E afinal, não fiz isso também para provocar o seu ciúme?! Talvez tenha escolhido uma mulher muito "estranha" pra me humilhar, me dizer que eu não sou melhor que ela.

"Esse homem é perverso, para o perverso importa a perversão, não a mulher." O dr. Z não parava de falar dentro da minha cabeça! Como eu odeio o dr. Z!!

No sábado fizemos um churrasco à noite, em minha casa. Estavam lá TY, Y e M. Eu estava infinitamente angustiada, queria ligar para ele, chorar, pedir que viesse me ver. Pra não fazer isso, me anestesiei com álcool, bebi muito e então, de manhã, fui parar no hospital.

Fiquei gelada, com uma insuportável enxaqueca, vômitos. Não adiantou beber, porque depois a dor voltou. E uma depressão extrema tomou conta de mim.

À tarde, já em casa, ligo para B:

— Você pisou no tomate! Pra que fez aquela cena na frente daquelas mulheres? Ficou louca?!

Comecei a chorar:

— Eu senti ciúme, me descontrolei!

— Eu converso com quem eu quiser! Que direito você tinha?

— Eu preciso te ver! Vem me ver agora. Estou mal, B!

— Eu também estou mal! Estou muito mal! Não quero te ver hoje! Nem amanhã! Não quero te ver essa semana! Agora deixe essa raiva passar. Se passar!

Escrevo uma carta ameaçadora:

"B, depois da atitude desastrosa que tive aí no restaurante, tenho algumas coisas a esclarecer com você. Quero fazer isso pessoalmente, e preciso que seja ainda hoje. Não falte, pois estou com medo; você desencadeou coisas em mim sobre as quais já não tenho controle. Não quero cometer atos passionais, estou tentando manter uma postura fria, mas preciso da tua ajuda.

Foi uma longa noite, meu amor, em que precisei usar todo meu cérebro para entender quem realmente você é, e o que se passa realmente entre nós. Foi uma longa jornada de dissecação, anjo meu. Mas apenas o início de uma longa, longa jornada...

Não tente fugir, pois não conseguirá. Tenho cacife pra te caçar até no inferno. Não pague pra ver. Você tem algo a preservar, tem uma família, um trabalho. E eu tenho todo o tempo do mundo. Acredito que, mesmo no exercício maior da tua loucura, não queira arriscar tal tesouro. Eu tenho toda a paciência do mundo, e os motivos necessários. Tenho os tesouros da minha integridade e sanidade mental, conquistadas a duras penas, ao longo de dez anos de psicanálise e, embora parcialmente danificadas nesses dois meses nos teus braços, é nesses dez anos que me escoro agora pra tentar um diálogo — o primeiro — absolutamente franco e direto com você. Não pretendo te fazer mal, se você me ajudar. Não me faça mal, portanto. Tudo isso é muito delicado, e podemos evitar, se formos racionais o bastante...

Não subestime minha inteligência, você nunca quis vê-la, mas ela existe, independente da tua vontade, e é profunda, B. Na última noite você me deu a peça final e montei o quebra-cabeça, agora quem domina este jogo imundo sou eu. Ao contrário do que você gosta de afirmar, sou tua amante sim, e ditarei as regras daqui por diante.

Sei que você quer preservar tudo que há de importante na tua vida. O que você tem de mais caro. Sei que você me quer calada. Espero sinceramente que cheguemos a um acordo, pois não terei compaixão com você, sei exatamente como funciona a tua parafilia, e não terei piedade de você, como você não teve comigo. Não é tua compreensão que quero, isso seria querer provas da existência divina. Vou te dizer, pessoalmente, com todas as letras, o que quero. Pois há algo que eu quero em troca do meu silêncio, da minha compreensão.

Você foi pouco inteligente. Cutucou o tigre com vara curta, agora ele vai atacar. Não me subestime. Não subestime a minha dor. Devo estar tão doente quanto você. Você me acostumou com coisas, deleites... agora é tarde pra tentar curar.

Não adie esse encontro, os fantasmas podem retornar, e esse retorno pode ser fatal, em questão de horas. Venha me ver hoje, portanto. Te espero, por volta de meia-noite. Beijos, tua Alma"

A carta é absolutamente sincera. Começo a pensar seriamente em vingança. Só ainda não sei direito como. O que eu peço em troca do meu silêncio e compreensão (para com a parafilia dele) são as noites de sexo.

Digo que tenho sanidade mental, mas é óbvio que a estou perdendo. Mostro essa carta a Y e ela me aconselha a não mandar. Ele nunca mais virá te ver se ler essa carta, ela me diz. Não mando a carta.

7 de junho — terça-feira

Consultório do psicanalista:

— Ele é um psicopata, dr. Z?

— Psicopata, casanova. Chame como quiser. É um doente.

— Pra ele não importa a aparência da mulher, não é? Não fez aquilo pra me ferir, não foi? Fez porque não se controlou.

Ele assentiu com a cabeça.

— Ele pretende me matar?

— Não. Ele se arrisca, vai na tua casa, estaciona o carro, o guarda cuida do carro.

— Mas está seguindo um ritual, não é? Sabe perfeitamente bem tudo o que vai fazer num encontro. Primeiro bate, depois bate com cinto, estupra, agora diz que vai enforcar com o cinto.

— Não sei, ainda não dá pra saber ao certo. Mas parece.

— Já fez isso muitas vezes, não é?

— Sim.

— Não tem a menor possibilidade de estarmos enganados, de ser verdadeira a outra versão, a de TY?

— Não, não tem. Essa é uma versão romanceada. Você pode dar a versão que quiser. Mas os fatos são o que importa. E o fato é: ele começa a fugir de você. Não o interessa mais. Pegou-o no flagrante. Não é teu ciúme que o incomoda, não é a invasão de sua liberdade. Você o surpreendeu durante seu gozo, ele tem vergonha. Não pode olhar isso de frente. Já havia te dito isso, lembra?

— E se eu tivesse tido outra reação? Se tivesse dado um sorriso cúmplice?

— Aí tudo podia ser diferente.

13 de junho — segunda-feira

Passo a tarde com TY. Estou desesperada. Não paro de falar nele, faço planos de arrumar a relação, de ser ainda mais submissa pra ele continuar me querendo. Vamos a uma cartomante. Ela deita as cartas:

— Você ama muito e é muito amada. O problema é a inveja das amigas. Você tem amigas muito invejosas. É preciso cortar isso.

— Ele me ama??

— Ama muitíssimo. Vocês ainda vão ficar juntos.

Ela pede velas para fazer um trabalho. Ainda irei umas outras 3 ou 4 vezes nessa cartomante por causa do tal "trabalho", que se constitui em rezas.

Na volta, passo no Dom G. B acaba de chegar, ainda está sem uniforme. Apenas me olha rapidamente e cumprimenta. Penso em conversar com ele. Será que ele me ama mesmo? O dr. Z estará enganado pela primeira vez na vida? Ligo à noite para o restaurante. Como estou muito tensa, peço para TY falar no meu lugar. Fico ouvindo na extensão.

Dessa vez é diferente. A conversa de TY não cola. Não percebe a mudança na voz; como um homem apaixonado não perceberia? Diz uma grossura e desliga. Vinte minutos depois ela torna a ligar e dizem que ele já foi.

TY vai até o restaurante comprar um vinho. Volta dizendo que ele estava lá, sentado, assistindo ao jogo na TV.

14 de junho — terça-feira

De tarde vou à parapsicóloga. Estamos fazendo regressões a vidas passadas. Lembro de uma outra vida em que B foi meu marido e me matou com uma barra de ferro na cabeça.

Pelas seis da tarde vou em outra cartomante; essa lê tarô. Diz que ele gosta de mim, apenas não admite isso para si próprio, pois considera fraqueza. Fala que ele vai deixar a mulher para se casar comigo.

17 de junho — sexta-feira

Vou jantar no Dom G com TY e nossas filhas. A filha de TY diz ter aversão a "esse garçom", referindo-se a B.

Decido ignorá-lo. Não olho nem uma vez para ele. B atende nossa mesa, TY diz que está notadamente nervoso.

Derruba talheres outra vez: terá medo de mim? Comenta:

— Garçom mais nervoso! Não pára de tremer, só pode derrubar tudo mesmo!

Obviamente o santo narcisismo e a ilusão. Prefiro achar que o nervosismo é por minha causa. Talvez seja mesmo. Só que não significa exatamente emoção de estar diante de mim. A única vez que arrisco olhar para B, surpreendo-o seduzindo outra vítima, e nos mesmos moldes que antes: uma mulher velha, horrorosa, patética, que janta com o pacato maridão.

O "senhor" B está no balcão, encarando-a e sorrindo, com seu arzinho sedutor. Não há mais possibilidade de erro. Está nervoso apenas por medo que eu faça um escândalo. Está interessado na outra mulher.

Não fico olhando. Ao contrário, retomo a conversa na

mesa, faço de conta que é minha exaltada imaginação, minha e do dr. Z, que faz dele um tarado. Seria um pesadelo ele estar fazendo isso outra vez, na minha frente.

De todos os fantasmas otelescos que tive sobre um homem, esse nunca havia me passado pela cabeça. Não, isso não existe! A não ser na cabeça de uma mulher doente de paixão! É claro, paixão é doença, um homem bonito desse pode ter mulheres belíssimas e interessantes. Tarado é aquela figura grotesca, que fica à espreita nas esquinas escuras, ermas, e ataca indefesas donzelas, estupra-as e mata. Tarado por velhas?? Não. Tarado é aquele tipo que a mãe da gente sempre mandou ter cuidado, em ruas desertas. Tarado é tarado por menina. Tarados são nojentos. B, esse homem bonito, másculo, não pode ser um tarado. Eu é que devo estar demente.

20 de junho — segunda-feira

Retorno ao restaurante com meu filhote e TY.

B serve nossa mesa e parece estar de astral baixo; não olho para ele. Apenas quando meu filho volta para casa, arrisco um olhar. Imediatamente ele muda de atitude: torna-se seguro, arrogante, como costuma ser de seu feitio. Passa a me disparar seus olhares, certo de seu absoluto fascínio sobre mim. Não está errado. Estou totalmente fascinada, como se o olhasse pela primeira vez.

Não trocamos palavra, mas ele não tira os olhos, enquanto arruma uma mesa em frente à minha. Faz caras e bocas, como se posasse para uma foto. Está no auge de seu narcisismo e auto-adoração. Sou seu instrumento para se sentir gostoso, viril, desejado.

Na metade da noite, retira-se para a cozinha, após insustentáveis minutos, que não compreendi, de indiferença. Isso me assustou, mas TY me garantiu que ele deve esperar minha ligação.

É o que faço, quando chego em casa. Educadamente, ele diz ao telefone que não poderá me visitar esta noite, pois está sem carro, sua esposa está vindo apanhá-lo. Marca para amanhã. Fico radiante!

21 de junho — terça-feira

Por volta de uma e meia da tarde, passo em frente ao Dom G, rumo ao ponto de táxi. Avisto B saindo do portão, com esposa e filha. Ele não me vê.

Apesar do choque, fico observando. Ele joga a chave do carro grosseiramente na mão da mulher e atravessa a rua para ir à banca de revistas. Ar de profundo tédio.

Penso que ele deve ser mesmo estúpido com suas mulheres, com a esposa também, e isso não é sinal de doença mental, mas de machismo. Continuo tentando me enganar, e sinto um certo alívio ao ver o tratamento que B dispensa à esposa.

Acho que é inaceitável para uma mulher entender que se apaixonou por um... psicopata! Palavra mais horrenda, detesto esse termo, não posso ser vítima nas mãos de um tarado, não pode ser que tenha me escolhido friamente, calculadamente, sem verdadeira atração física ou emocional.

Entro no táxi e peço que dê a volta, para tentar olhar melhor a esposa de B, que ficou no carro com a filha. Não consigo ver direito e então parto para a parapsicóloga, onde iniciamos um "tratamento" para tentar me afastar da obsessão por B.

À noite, telefono:

— A que horas você vem?

Pausa interminável. Deve estar pensando no que dizer. Então explode:

— Você pisou no tomate comigo! Comigo é só uma vez!

— Mas isso já passou! Já te pedi desculpas!

— Nunca pensei que você fosse capaz de fazer aquilo! Fazer escândalo na frente daquelas mulheres bêbadas!

— Ninguém ouviu nada! Eu fiquei com ciúme! Me descontrolei! Eu...

— Pensa que é minha dona?? Você pensa que é minha dona?! — vociferou, dizendo por fim que quando passar a raiva, me procura.

22 de junho — quarta-feira

Estou com muita raiva. Sinto-me lesada, usada, enganada. Ao mesmo tempo sinto um medo horrível de perdê-lo de vez.

Escrevo uma carta:

> *"B, leia esta carta até o final, pra não se arrepender depois. Preciso escrever porque, se ligo, você manda dizer que não está, ou desliga o telefone na minha cara, ou não pode conversar porque está 'ocupadíssimo', ou não pode me ver por inúmeros e esfarrapados motivos, desde o estar sem carro até o clássico 'você pisou na bola' etc.*
>
> *Eu não queria chegar a esse ponto; se você fosse ao menos civilizado, eu podia engolir tuas grossuras, se ao menos **eu** tivesse em troca uma coisa boa... mas em meio às tuas mil desculpas pra não me visitar, vejo passar noite após noite em que fico ardendo de desejo e saudade de você, em que me sinto a mais infeliz das mulheres. Nunca um homem me tratou dessa maneira, e nunca também me entreguei tanto a um homem, violei meus prin-*

cípios de dignidade e decência, aceitei todas as tuas barbaridades, fui tudo onde você quis que eu fosse; não vou admitir que você me deixe desse jeito. Eu havia jurado a mim mesma que isso ia morrer em silêncio dentro de mim, como sempre pra você eu silencio tudo; você não quer ouvir, não quer saber, mas enquanto às vezes podia ter você na minha cama, podia me enganar, podia suportar, mas agora estou explodindo, e vou explodir, merda, não me deixe fazer besteira que depois vou me arrepender, não sei o que fazer, preciso de você, tenho medo de te procurar porque não agüento mais tanta dor. Meu analista diz que você é um psicopata e eu não posso aceitar isso; amar um psicopata é amar uma parede, sem olhos, sem ouvidos, sem voz, sem coração. Não é possível que eu esteja amando uma parede, você tem que me ouvir, você é um ser humano, não é possível que seja um animal, porque se você for um animal então eu vou ser um animal também, e vou fazer uma coisa horrível, uma coisa depois da qual você vai ter que me matar, seja psicopata ou não. Você pode imaginar o quê, não é? Eu vi você com ela hoje. Se você tivesse uma relação normal comigo eu podia admitir a tua relação normal com ela, eu saberia dividir, compreende, mas você me faz miserável, você estrangulou a minha alma, eu não posso aceitar ter que viver no inferno enquanto aquela maldita convive com o teu melhor lado, que eu nem sequer conheço, que você me proíbe de tocar, como se eu fosse uma leprosa. Não posso suportar tanta privação afetiva e sexual que você me impõe, enquanto ela tem o teu amor e o teu pau, você sabe que eu adoro o teu pau, eu dependo sexualmente de você, não consigo mais ter prazer com outro homem, só consigo com você, eu estou desesperada, não vou abrir mão de você, não vou abrir mão do teu pau, eu sou tua, eu quero você, não ouse mais me largar assim, a fúria que estou sentindo me torna capaz do ato mais hediondo. Eu juro, meu amor, não quero nunca te fazer mal, me ajude a continuar submissa, eu vou continuar quieta se você souber me manter assim, não vou mais falar dos meus sentimentos se puder entregar-me a você. A essa altura não sei mais se vou mandar essa carta, sinto-me ridícula, patética, mas meus nervos estão se quebrando, estou perdendo o controle e escrevo essa carta só pra te dizer isso, que estou perdendo o controle, não quero perder o controle, tem um jeito de você evitar isso e você sabe qual."

No fundo está implícita uma ameaça, isso de "perder o controle". Mas creio que perdi a vergonha e a moral, porque não só escrevi como mandei a carta. Espero sinceramente que ele venha me ver após o expediente, ou que me ligue. Eu realmente não conheço B. Não liga e não vem.

24 de junho — sexta-feira

Telefono à noite. Pergunto se recebeu a carta. Diz que bateu o carro e não pode me visitar até que esteja consertado.

— Assim que aprontar eu ligo, pode deixar.

Quer terminar aos poucos, sem traumas nem cenas...

25 de junho — sábado

Vou jantar no restaurante Dom G com minha família. Vejo o carro dele no estacionamento. "Consertou depressa!" — penso, amargurada.

B serve minha mesa mas não dá uma palavra comigo. No

entanto, volta a me dedicar alguns de seus lânguidos olhares. Mas só alguns. Toca minha mão com a ponta dos dedos ao me passar a conta...

Vou para a casa de M. Jogamos carta. TY diz que naturalmente ele irá se encontrar com mulheres essa noite, pois recendia a perfume.

Passo mal, tão mal como há muito tempo não me sentia.

26 de junho — domingo

Oito horas da noite. Estou furiosa. Ao telefone:

— Você já está de carro. Quero te ver hoje!

— Te ligo mais tarde. Estou ocupadíssimo agora.

— Não desligue ou vou terminar a conversa pessoalmente. Vamos combinar já a hora que você vem.

— Não posso conversar agora. Te ligo antes das dez.

— Então vou te esperar na saída!

— Não se atreva! Ligo às dez.

Sou tomada de incontrolável ira. Torno-me maníaca. Escrevo um bilhete raivoso, ameaçando invadir seu trabalho caso não me ligue.

Mas muito antes dessa hora estou mal, absolutamente deprimida com minha própria atitude e com o descaso dele. Caio em choro copioso e ligo para o dr. Z:

— Eu o ameacei!!

— Você sabe que não fará nada. Ameaçou para manipulá-lo. Não fique sozinha agora. Procure uma amiga.

Vou até a casa de TY, mas ela deve estar dormindo, a casa está totalmente escura. Minha filha fica comigo, cuida de mim. Não consigo parar de chorar, tomo dois calmantes.

Dez horas e ele não liga. Não tem medo de minhas ameaças. Ligo às dez e vinte. Aos prantos.

— Pensa que vai me apavorar ameaçando-me com bilhetinhos?

— Não quero te ameaçar, quero te ver.

— Eu não sei se quero te ver. Não enquanto você não parar com perseguições e ameaças! Fique boazinha, que eu te procuro.

Minha voz trava na garganta, mas ainda assim consigo dizer:

— Eu gosto de você!

— Isso não vem ao caso! O que você sente não vem ao caso.

— Mas eu gosto! Gosto de você!!

— Pois está gostando do cara errado. Eu sou casado. O negócio entre nós é só transa, nada mais do que isso!

Mudo o discurso:

— Eu sei. Eu sei! É isso que eu quero. Preciso fazer amor, preciso ser tua! Vem me ver, por favor!

Ele pensa uns segundos:

— Vamos ver. Eu te ligo.

Tenho certeza que não vai ligar. Mas não faz mal. Jurei a mim mesma que não vou mais correr atrás, nem ameaçar ou ter crises de ciúme e choro.

Juro que vou esperar ele me procurar, vou ser totalmente submissa, não vou exigir nem reclamar nunca mais. Não quero perdê-lo, quero continuar sendo sua amante, não posso conceber a vida sem isso. Ao longo desses meses ele foi destruindo os meus sonhos, um a um, e agora estou conformada, posso aceitá-lo do jeito que é, como quer que sejam as coisas entre nós.

Não faz mal que não venha hoje, é até bom; por supremo azar, minha menstruação desceu inesperadamente, em abundância. Se ele vier vai me bater por não tê-lo avisado.

Mas, onze e quinze ele liga e diz que vem vindo. Fico

apreensiva. O quarto cheira a cigarro, o que eu vou fazer pra acabar com o cheiro?? Acabei de fumar, escovo os dentes até sangrar a gengiva. E se eu tirar o absorvente? Posso fazer de conta que não percebi o sangue, ou melhor, é uma hemorragia decorrente da relação sexual, que sempre é violenta. Mas será pior mentir. Depois, está vindo tanto sangue, como foi descer desse jeito, num minuto, feito uma cachoeira? Talvez B me bata por isso, talvez não. Depende do seu humor.

Aparece às onze e meia. Olhar hostil. Faz frio intenso e ele me obriga a me despir inteiramente. Não há um aquecedor. Quero entrar debaixo das cobertas e ele não permite.

— Mas está frio!

— Eu não estou com frio. Tire tudo, depressa! A calcinha também!

— Já tiro. Primeiro me abrace.

— Por que não quer tirar a calcinha?

Ele já começou a desconfiar. Se eu estivesse debaixo das cobertas...

— O que é isso? Um *modess*?

— Desceu agora. Nesse instante! Um pouco antes de você chegar. Mas está vindo bem pouquinho.

— Está menstruada? Filha da puta!!

Aplica-me dois bofetões na cara. Com muita força.

— Desculpe, só vi agora.

— Mentirosa!

Sacode-me e grita:

— Por que não me avisou?? Pois não vou te comer!

Dá-me um pontapé, acertando a batata da perna. Então me xinga, xinga até se acalmar um pouco. Senta-se na cama e começa a resmungar. Despe-se. Deita sobre mim e vai logo me dominando, sem quaisquer preliminares. Sinto muita dor:

— Você é um cavalo!

— Goze, goze.

Resmunga um pouco. Faz amor como um trator. Não posso me conter:

— Está doendo! Dói muito!

Encara-me com ar de enfado:

— Que frescura é essa agora?

— Ainda não estou pronta. Não vai me excitar?

Está impaciente. Isso o irrita mais:

— Como você quer que eu te excite? Quer apanhar?

— Não! Não!

Sai de dentro de mim:

— Comece a se masturbar. Vamos logo com isso!

— Não quero me masturbar. Quero você!

— Masturbe-se! Antes que eu te arrebente!

Começo a me masturbar. Ele fica olhando e me acariciando:

— Quer que eu bata agora?

— Não, hoje não. Hoje eu não quero que você bata.

Ele me arremeda:

— Não quer que bata? Então não vou bater. Pronto! Está decidido!

Dá início às carícias e beijos nos seios, e logo vêm os palavrões. Entre um beijo e outro, aplica-me cascudos. Então é assim que não bate. Deita-se e se abandona. Banho seu corpo todo com a boca. Perscruta-me, com um sorriso canalha:

— Está pensando que é o MN?

Um balde de água fria. Mesmo assim tomei o membro e abocanhei-o. Poderia chupá-lo eternamente mas ele me mandou montar. Sento no pênis e fico amando-o assim, devagar, alguns inacabáveis minutos:

— Eu adoro esse pau! Sou louca por esse pau!

— Por quê? É um pau como qualquer outro.

— Não é não!

Tenho-o todo nos braços, o santuário do rosto entre as mãos, beijo-o muito, vezes sem conta. Ele enfia a mão na vagina e esfrega sangue em todo meu corpo.

— Por que isso?

— Porque é gostoso!

Logo sofro a convulsão, longa e exasperada.

— Agora chega!

— Não! Quero gozar mais uma vez!

— Então rápido com isso!

Apresso a cavalgada em busca do gozo:

— Bata! Bata agora!

— Onde?

— Nos seios. No rosto.

Vêm as taponas nos mamilos e nas faces. Chego ao orgasmo, sinto frêmitos, até que me pacifico.

— Agora vou comer teu rabinho, sua cadela!

Cobre-me de saliva, de quatro e faz. Introduz todo o pênis. Nunca vai entender que essa prática requer delicadeza, mais que qualquer outra, muito afeto e paciência, entrega e amizade.

Agüento um bom tempo, o membro entrando e saindo com vigor, enquanto estimulo sozinha o clitóris. Acabo chorando, ainda na tentativa de rebolar e participar, dar prazer a ele e ter prazer também.

Só depois que chorei muito resolve me deixar em paz. Deita-me de costas, ergue minhas coxas, apoiando-as nos seus ombros e embrenha-se na vagina. Começa com as pancadas. No rosto e peitos, vigorosas, contundentes. Morro de prazer. A loucura me toma:

— Me dá uma surra! Uma surra de verdade!!

— Ficou louca?? Se eu fizer isso te arrebento!

— Pois arrebente!

Ele me cobre de bofetões no rosto e nos seios. Aperta os

mamilos. Quando começa a gozar, escarra em meu rosto, esfregando a saliva com os dedos pelas minhas faces. Com esse gesto tenta me aviltar, mais do que com todos os seus tabefes. Sempre inventa uma coisa nova que signifique sujeição, humilhação, degradação — esse é o seu erotismo.

Finalmente B me coloca de joelhos e galopa a vagina, galopa até espumar fortemente, ferindo-me as entranhas, debatendo-se, arfando, afundando os dedos na minha pele, num frenesi.

Levanta-se, começa a se vestir. Estendo os braços para ele:

— Não vá ainda. Quero mais!

Aponta o membro começando a ficar flácido:

— Acabou.

— Então me dá um abraço.

— Essas coisas que você quer depois é que eu não gosto. Se não parar com isso não venho mais.

— Desculpe.

Desata num sorriso imbecil:

— Ontem caí na gandaia.

— E eu com isso? Por que tem que me contar?

Fica rindo feito um pateta. De repente altera a voz:

— Você chamou minha mulher de maldita naquela car ta! Por que isso?

— Eu odeio ela! Com ela é todo dia e comigo nunca!

— Mas ela tem direito. Sou casado com ela. E eu gosto dela.

Finalmente me apedrejou.

— Não perguntei se você gosta. E eu também tenho direito.

Fica rindo. Começo a sentir ódio:

— Nem sei por que faço questão desse pau! Nem é tão especial assim!

— Gosta porque quer.

— Vou parar de gostar.

— Acho bom!

Exalto-me:

— Mas antes não achava!

— Nunca pensei que você fosse capaz de fazer aquilo! Aquela cena no restaurante!

— Também nunca pensei que você fosse capaz! Piscou para aquela mulher!

— Que piscou o quê! Aquela mulher é minha amiga!

De repente altera-se completamente:

— Quem você pensa que é pra me cobrar?? Pensa que me mete medo com tuas ameaças? Não tenho medo de você! Você devia ter medo de mim! Não sabe do que eu sou capaz! Esses tapinhas que te dou aí não são nada! Não queira ver o que posso fazer com você!!

Ele se foi e fiquei estranhamente lúcida.

27 de junho — segunda-feira

Tenho estranhas fantasias. Quero matar B com um tiro na boca. Pensamento fixo, vou matá-lo de algum modo.

28 de junho — terça-feira

Consulta com dr. Z:

— Você continua com ele?? Isso está virando palhaçada!

— Ele foi me ver no domingo.

— Era melhor que não tivesse ido. E então? Quais são os sinais de que vai deixá-la?

Não conto que escarrou no meu rosto, nem que agora me bate fora do ato sexual. Também não conto que acha melhor que eu não adore tanto o seu pênis. O dr. Z está contra mim, vai querer me destruir como sempre fez, com todos os meus namorados. Nunca achou um que prestasse, nunca aprovou um relacionamento meu. Falo isso para ele.

— Você é uma masoquista emocional. Só gosta de homens que te destroem.

— Pois agora sou masoquista real.

— Não acredito nisso. Você quer mesmo é carinho. Acho difícil que tenha prazer real nessas sessões com B.

— Mas tenho.

— Por causa do que você fantasia. Fantasia que ele tem um amor violento. Fica achando que ele te ama.

— Já sei. Ele não me ama.

— Vai continuar insistindo?

— Não sei por que insisto em vir aqui. Em te contar.

— Porque resta uma esperança.

— Acho que o sádico é você.

Volto para casa. O que o dr. Z fala já não é importante. Tenho que tomar uma decisão: mato B ou me suicido? Talvez faça as duas coisas. Não consigo pensar nos meus filhos. Estou obcecada. Tenho que me vingar de tanto desprezo e humilhação, fazer com que ele saiba que existo, e respeite isso. Ele precisa saber quem eu sou. Não sou qualquer uma.

5 de julho — terça-feira

Passei a semana planejando uma vingança: morte? Mutilação?

Arrependo-me de não ter cortado o pênis dele! Mas talvez eu possa mandar fazer isso. Uma surra seria muito pouco. Tenho que aleijá-lo.

À tarde, vou à parapsicóloga. Ela tenta exercícios para eu abandonar a obsessão. Devo imaginar B partindo no horizonte, até tornar-se um ponto. Uma besteira que nunca dá certo.

Fico sabendo que B viajou dois dias depois de nosso último encontro e só regressou ontem. Como pode passar uma semana sem trabalhar? O dinheiro não faz falta? Que eu saiba, ele só tem esse emprego. E só trabalha à noite, ao contrários dos outros garçons da casa, que entram às oito da manhã e trabalham o dia todo, limpando, varrendo, lavando. Ele só entra à noite e vai direto servir as mesas. Deve então ganhar menos. Por que pode se dar a esse luxo? Não conheço nada da vida de B. Não o conheço.

À noite, estou no restaurante, com TY e D. B não atende nossa mesa. Mostra-se francamente alheio, todo seu corpo pulsa essa eloqüente indiferença.

Estou de unhas postiças. Uma garra. Mandei colocá-las para arranhar a cara de B no nosso próximo encontro. Olho para ele. Não há brilho nos seus olhos. Isso me magoa mais que todos os seus xingamentos e bofetões.

Em casa, ligo para o Dom G. É ele que atende. Com certeza, aguardava a ligação. Vai logo dizendo que está sem carro. Digo que tenho uma fita erótica para vermos juntos no vídeo. Ele faz uma pausa. Insisto e então ele fala que dará um jeito de me ver, ligará dali a um minuto.

Quinze pra meia-noite. Ligo o vídeo. Como ele ainda não me ligou, penso que virá direto. Meia-noite e quinze, e nada. Triste final pra minha paixão: assisto sozinha à fita erótica sadomasoquista, me masturbando e sonhando que B está ali comigo.

7 de julho — quinta-feira

De manhã ligo para o irmão de B que é gerente de um restaurante da rede do Dom G. Ele atende simpático:

— Você é irmão de B?

— Sou. Quem fala?

— Você também gosta de bater?

— Bater? Como bater??

— De bater em mulher!

Desligo o telefone.

Por volta das seis, B liga pra minha casa. Está num telefone público:

— Olha, sua filha da puta! Você está bagunçando a minha vida!

— Não me chame de filha da puta!

— Ontem você ligou direto pro meu serviço, hoje telefonou pro meu irmão pra falar besteira de mim!

— Eu não!

— Olha aqui, sua lazarenta! Continue se metendo na minha vida que eu acabo com você!

— Eu só quero te ver, que droga!

Berra, cheio de ódio:

— Eu não quero mais ver você! Não quero mais nada com você. Ainda não deu pra perceber, filha da puta? Que eu não te quero mais?

— Eu preciso de você, não fale assim!

— Foda-se! Não ligue mais pra mim! Não vou atender, entendeu?

— Não vou admitir que você me largue assim! Depois de tudo que fez comigo! Você fez o que quis! Você me usou!!

— Você que me usou!

— Eu?? Eu adoro você! Eu sempre quis você!

— Isso não me interessa. Não quero mais te comer.

Fiquei descontrolada:

— Ah é? Pois eu vou mandar cortar teu pinto!

— E sabe o que eu faço então? Eu te mato, te estraçalho!!

— Mata? Você dá um tiro na cabeça, isso sim! Vai ficar inútil!!

Começo a chorar:

— Vou contar tudo pra tua mulher!

— Você não sabe o que vou fazer pros teus filhos, filha da mãe!!

— Você também tem uma filha. É melhor deixar as crianças fora disso!

— Eu vou te matar, lazarenta! Você não sabe do que sou capaz! Você acha que conta pra minha mulher e aí eu vou vir pra você??

Ri com escárnio:

— Antes eu te mato!!

— Eu estou apaixonada por você!

— Deixe de chantagem! Pensa que eu sou o MN?!!

De repente se acalma:

— Vamos ficar numa boa, você do teu lado, eu do meu.

— Não! Assim não quero! Quero que venha me ver hoje. Preciso de você!

— Precisa o quê! Pra que precisa de mim?!

— Preciso amar você. Preciso ser tua! Eu sou tua!

— Não vou mais fazer amor, não me procure mais! Foda-se! Não quero mais saber de você! Se se meter em minha vida outra vez, eu te mato!

Desliga o telefone na minha cara. TY aparece logo em seguida. Sabia de toda a cena pois estava atrás dele no telefone público e vem ver como estou. Fico estranhamente calma. Muito calma. Não aconteceu nada. Ele não me largou, vem me visitar.

À noite, explodindo de raiva, de humilhação, vou jantar no Dom G, com TY e M. Sinto-me forte e poderosa, como quem tomou uma droga. O garçom B está branco como cera, o rosto amordaçado com a máscara do ódio. Contudo precisa atender-nos e mostra-se solícito e gentil.

Decido escrever minha história e enviá-la a determinadas pessoas. A esposa dele é uma delas. Comento com TY.

Ela acha uma boa idéia. Escrever evitará que eu cometa suicídio ou assassinato.

A diferença entre o animal e o ser humano é que este é capaz de sublimar seus instintos. E o instinto de destruição me toma por inteiro. Estou doente de paixão.

B se aproxima e TY pergunta-lhe se ele gosta de teatro. Responde que sim.

— Que bom. Logo você vai ler uma peça de teatro.

Fala a mesma coisa para os gerentes do restaurante; que serão convidados para uma estréia.

8 de julho — sexta-feira

Um antigo namorado me procura. Vem me ver à noite e eu o levo ao Dom G para exibi-lo a B, pois é forte e bonito. É lutador de boxe.

Encontro no restaurante TY e M; sentamos na mesa delas, mas B não está trabalhando. Jantamos, compramos um vinho e vamos para minha casa, A e eu.

Ele foi um grande amor mas tudo passou. Falo de B para ele. Mal pode acreditar que eu esteja metida numa história dessas.

Talvez com pena de mim, talvez atraído pela antiga chama, dizendo que fui a mulher de sua vida, A passa a noite beijando meus seios. Doce carícia que, no entanto, não traz qualquer excitação.

10 de julho — domingo

Hora do almoço. Ao telefone. Quero testar o senhor B, quero ver até onde ele vai:

— Você continua bravo?

— Quê! Quê! Quê! Por que está me ligando?? Pensei que tinha me esquecido!

— Pare de brabeza! Chega de brigar! Credo!

— Não quero mais saber de você! Vá à merda! Me deixe em paz!!!

— Tenho uma notícia pra você.

— Qual?

— Estou grávida.

— Que grávida o quê!

Risada sarcástica:

— Só transei de camisinha!!

— Mas a camisinha furou! É verdade. Já fiz o exame. Engravidei! O que faço?

— Faça o que quiser! Isso não me interessa!

Dou uma de louca:

— Você vem me ver hoje?

B fica totalmente possesso:

— Foda-se você! Não me ligue mais! Não vou atender!

Desliga o telefone na minha cara. Passo a tarde fantasiando: quero quebrar o carro dele, moer tudo. Apanho a barra de ferro no meu quarto, a mesma que eu guardara para "bater" nele.

11 de julho — segunda-feira

B deixa um recado com o guarda que entregava os bilhetes. Manda dizer que não recebe mais bilhetes ou cartas, não adianta entregar.

Diz que eu ameacei de fazê-lo perder o emprego, mas que não se importa. Arruma emprego fácil em qualquer outro lugar, não está morrendo de fome, trabalha de garçom porque gosta. Claro que gosta, sabe-se bem o porquê.

Manda dizer mais: já contou tudo à sua esposa, gosta muito dela e não há nada no mundo que os faça brigar! De nada adianta eu ir falar com ela.

Naturalmente não lhe bastaram todas as humilhações que já me infringiu. Sua alma é ainda mais profundamente negra.

À noite, totalmente humilhada, jogo cartas na casa de M, com TY e Y. M diz que vai me apresentar a um amigo bem-dotado, pra eu me alegrar:

— Alguém ainda se interessará por mim?

— Claro! Com essa carinha linda!

Sinto-me um horror, no nível da mulher maquiada da Noite N, a senhora X. Não sou mais mulher.

12 de julho — terça-feira

Vou à parapsicóloga. Continuarei indo, durante um ano, sempre na tentativa de abandonar a obsessão, fazendo com que B se evapore no ar, até que por fim desisto do tratamento.

À noitinha, no consultório do dr. Z:

— Ele me abandonou porque parei de ser interessante, não é? Saí do *script* de puta, invadi o terreno emocional.

O dr. Z assente com a cabeça.

— Ele não tem medo de mim, doutor. Continua trabalhando normalmente, estaciona o carro nos mesmos lugares. É de verdade um psicopata. Não avalia sentimentos, seja amor ou ódio.

Novamente ele concorda.

— Essa doença dele, a perversão sadomasoquista, é contagiosa? Vai me acompanhar pra sempre? Vai ser minha doença também?

— Não. Isso é uma doença que se adquire na infância. É

uma demência do homem, nunca da mulher. A tua "perversão" foi submeter-se à dele. Vai passar. Não precisará apanhar pra atingir o orgasmo.

— O que restará disso?

— A depressão. Nenhuma mulher apanha de um homem sem conseqüências graves à sua auto-estima. Você se colocou como objeto dele. Mas por que ser esse objeto?

— Não sei. Não percebi outra forma de ser dele.

Meu coração está duro:

— E sua esposa? Se ele precisa bater na mulher pra ter uma ereção, pra concluir o ato sexual, como transa com ela sem espancá-la? Não entendo!

— Não é com ela que ele transa, mas com suas fantasias. Durante o ato, fica fantasiando que está espancando alguma mulher, ou coisa pior.

— Que mulher? Eu?

— Você, qualquer mulher.

Não há nada em que eu possa me apegar. Ao meu redor, só espaços vazios.

— E ela? Não tem o menor conhecimento de quem ele é? O que pensa dele? Como ela o vê?

— Ela deve achá-lo esquisito; não deve ter muitos subsídios para avaliá-lo. Talvez pense que os homens são assim.

O dr. Z olha-me nos olhos. Inclina-se para a frente:

— Creio que agora chegou tua hora de dar as cartas. Já tem meios pra isso, não tem?

Sorri. Acabou minha hora. Levanto-me:

— Sabe de uma coisa? Nunca mais vou acreditar em videntes.

O doutor me estende a mão:

— Pra que videntes diante de tantas evidências?

Aperta-me a mão e sorri.

13 de julho — quarta-feira

Abandonei o dr. Z. Não havia mais o que fazer na terapia.

À noite, mando entregar um bilhete para B, através de um outro garçom. Quem leva meu bilhete é minha empregada. Ela conta que, assim que ele recebeu o bilhete, pôs-se a vasculhar as mesas com os olhos, crente que era de alguma cliente nova.

No papel está escrito:

"Se você não vier hoje vou cortar os pulsos."

Tenho febre essa noite. Não vou cortar os pulsos mas espero que ele venha me ver, com medo de que eu faça alguma besteira.

Ele não veio. Arranco as unhas postiças.

15 de julho — sexta-feira

Começo a escrever minha história. Tem início a minha sofisticada vingança. B não vai me esquecer nunca mais.

Todos esses dias ele trabalhou normalmente. À noite fiz um tremendo esforço e fui ao Dom G, observá-lo mais uma vez. Fui com VA. O restaurante está cheio, ele não nos vê entrar. Está totalmente à vontade, portanto.

Eu nunca percebera sua extrema arrogância, mas nessa noite ela me é jogada na cara como um vaso arremessado a milhas de distância.

Ele circula entre as mesas de cabeça erguida, como se desprezasse todas aquelas pessoas, aquelas famílias, tão prosaicas, comungando em torno da refeição. B é alheio à solidariedade que une os seres humanos, ele não faz parte da humanidade. Homem belo e infeliz. No entanto a certeza de que esta minha paixão, este amor estranho não morrerá tão breve me aniquila. É com pesar que assisto às suas galanterias para com as freguesas, que o flagro olhando o traseiro das mulheres, sem olhar seus rostos. É com profundo pesar que constato seus movimentos seguros e experientes dentro do seu campo de caça, o restaurante Dom G. Vai e vem, em passos seguros, disparando seus olhares e seus sorrisos. Cabeças femininas viram-se à sua passagem; é um homem e tanto. As mulheres não ficam indiferentes a isso.

Como eu um dia, cada uma delas deve pensar: por que terá escolhido ser garçom, uma profissão servil e anônima, um homem assim tão belo, de aspecto dominador?

Contudo, B tem suas razões. Não são mais um mistério para mim. O garçom B deixou de ser um mistério. Aprendi a reconhecer como funciona a mania sexual do meu amado. Trata-se de um tipo especial de Casanova, pois a este sedutor não interessa destruir a vítima através do amor, não é um tarado emocional como aquele.

Não está simplesmente interessado em alimentar o ego através de conquistas amorosas. É um tarado sexual, que só se satisfaz espancando, aviltando, humilhando, seviciando, degradando a mulher. Isso provoca a estimulação de sua genitália, é assim que consegue uma ereção.

No entanto é difícil imaginá-lo em roupas de couro negras, com um chicote delicadamente trabalhado na mão. Deve ter experienciado essa requintada fantasia "pseudosado". Pseudo, falsa, porque sua tara não é fantasia, é *real*. O que quer mesmo é bater, violentar. Para isso não necessita de parafernálias eróticas, *lingeries* negras, fetiches de salto alto.

É diferente ainda do D. Juan, porque pra esse é necessário arquitetar, ele extrai seu prazer da elaboração mental para derrotar a mulher. É muito mais o prazer mental que o físico. Como um jogo de xadrez, sem dúvida. Mas não com B. Com ele é mais rudimentar, é o deleite genital, unicamente genital.

Ele não está interessado em sensualidade, em tocar, acariciar, apalpar, em cheiros e gostos, em fruir beleza, como estão os chamados grandes amantes. Ele quer assistir à mulher apanhando, quer ver as marcas da sevícia no corpo dela, quer ver as carnes tremendo ao sibilar de sua mão.

"Eu gosto de transar no claro", me repreendeu na nossa primeira noite, quando deixei a sala na penumbra. Quer ouvir os gritos e o choro da mulher, quer assistir a seus ríctus de dor.

É assim que funciona o meu amante, por isso sempre chega já portando uma ereção. Seu desejo não precisa ser despertado. Eu não o excitava, mas sim aquilo que eu representei na sua psique. Não eu: o personagem a que dei vida. É degradante.

B sabe que, para obter todo esse gozo, deve dar em troca o que a mulher sexual, a única capaz de submeter-se à sua perversão, busca incessantemente: a satisfação genital. Para isso conta com um membro adequado e resistente, capaz de suportar longamente uma ereção.

Deve ter se iniciado com prostitutas, e ter-se ferrado com mulheres comuns. Com o tempo, e a longa prática, aprendeu que existe um determinado tipo de mulher que não precisa ser paga; um tipo de mulher de no mínimo 35 anos, mulheres cuja necessidade erótica nem sempre foi plenamente satisfeita, em virtude talvez da relativamente fraca capacidade sexual de seus homens anteriores.

Certas mulheres buscam desesperadamente o que o senhor B lhes oferece. Algumas mulheres necessitam da virilidade do homem como do ar que respiram. São as mulheres frágeis, passivas, submissas. As mulheres que não controlam o processo estarrecedor da sua própria sexualidade. Aquelas que dependem sexualmente de um determinado homem, e são capazes de enlouquecer se não forem adequadamente supridas de satisfação erótica.

B aprendeu a localizar essas mulheres, que se tornam inconfundíveis pra um homem como ele, a um certo estágio da vida. Invariavelmente são românticas, porque na mulher o amor move a sexualidade, mas isso é o que menos importa ao sádico garçom. Ele não explora sentimentalmente as mulheres, não as supre de afeto, não as adula com belas palavras, com poesia, com carinho, com promessas de amor e amizade. Tudo o que tem a fazer é molhar suas calcinhas. A imaginação feminina leva-o, invariavelmente, ao terreno do sentimento.

E é aí precisamente que ele se estrepa: não compreende que só uma prostituta foi treinada pra se sentir como uma prostituta.

Claro, logo ele aprendeu que não precisaria mais pagar esse tipo de serviço. Sua "ferramenta" permitia-lhe o conforto de escolher sua vítima entre as cidadãs "civis" — como eu —, aquelas que terão deleite verdadeiro com ele, que não estão sendo pagas para fingir prazer, o que ele detesta.

Ele quer o prazer real. Esse prazer consegue dando à parceira a ereção necessária à sua plena saciedade; em troca desse tesouro, esse oceano viril plantado num deserto de homens assexuados, ela suporta as sevícias, ela as confunde com macheza, vigor, autoridade, ela suporta a sua perversão atrás de uma satisfação que outros homens, ainda que amorosamente, não lhe garantiram. E por fim, ela gosta dessa perversão.

Com B há a garantia da satisfação erótica, porque ele age movido pela tara, que provoca indefinidamente a ereção, não é alimentada, construída, afetivamente elaborada. A ereção surge imediatamente. Se alguém tem tara por um abajur, basta deparar com um para se excitar.

O problema é que tal tipo de mulher necessita sempre mais, necessita em abundância, e B não quer suprir a carência sexual dela, mas a dele. Ele não quer envolvimento, então não se fixa muito tempo numa mulher, nem durante todo o tempo. Aí acontece o que aconteceu comigo e ele tem que estar sempre fugindo de suas mulheres.

Assim funciona B. Não se preocupa com a satisfação sexual da mulher, apenas a suporta; sabe que ela é necessária para poder espancar a parceira. De outra forma, esse ato configuraria um crime determinado por lei.

O interesse em satisfazer a parceira, no homem que não está apaixonado, denuncia vaidade, necessidade de afirmação, e isso pertence à outra categoria, mais amena, de doentes mentais, como os "dons-juans".

O garçom B cede seu órgão genital à parceira mediante sua permissão de lhe bater e bater e bater. Um michê, um prostituto que não cobra em dinheiro, mas em bofetões, no direito de espancar a freguesa.

Intitulou-se certa noite de "homem-objeto". Deve encontrar algum gozo nisso, é claro, em "servir" à mulher; obviamente tem uma dose alta de narcisismo, mas esse é o traço menor de sua personalidade. Antes, e sobretudo, o sr. B é sádico, maníaco, um psicopata.

Assim que ele me vê, perde um pouco do rebolado. Mas só um pouco. Fica tenso, mas não muito. Olha para mim com o rabo do olho, mas nem por isso deixa de olhar o rabo das outras. Deve estar imaginando como será bom bater nelas, e depois violentá-las.

Novamente, como em todas as sextas-feiras, está sem a aliança. A uma certa altura, percebo uma moça, muito corada, no salão externo do restaurante, com os olhos pregados no meu garçom. É claro, em que outro seria?

Logo o tarado abanca-se junto ao portão de entrada, de modo a poder disparar olhares e piscadelas mais tranqüilamente para a nova gata. Vê que eu estou vendo, mas isso já não é empecilho, nunca foi, para o demente. Não há de perder uma possível presa por medo de flagrante!

É melhor eu me conformar. Ele olha e pisca para ela. Troco de lugar com VA e dou as costas para ele. VA insiste que é pra mim que ele olha. Pois sim. Ela é ingênua.

16 de julho — sábado

Retorno ao Dom G com VA, para observar mais um pouco o meu B. Entramos no banheiro e escrevemos recados infames na porta.

Não terei mais muitas oportunidades de vê-lo. Dessa vez ele me vê assim que entro e então refreia seus instintos. Parece estar com medo. Está nervoso.

Na noite anterior mandei um recado maldito para ele e, além do mais, desconfia ter sido seguido. De fato, minha filha seguiu-o noite adentro com o namorado. Eu queria descobrir o endereço dele. Mas tudo que soube é que atravessou a noite em bares sórdidos. Depois minha filha perdeu-o de vista.

Não tenho mais dúvidas que meu único papel na sua vida foi o de prostituta particular. E grátis. Ia me ver sempre com pressa, ficava no máximo uma hora em minha cama, exatamente como se faz com uma puta. Alegava ter que voltar cedo para casa. Mas parece que isso não é verdade, já que anda vagando de madrugada pelas ruas. Pelo visto, sua esposa suporta todos os horários do maridão. Quem será essa mulher?

Creio que hoje poderia recontar esta história. Não foi a história que vivi, foi outra, a dele, muito mais sórdida.

Meu B estava desesperado para encontrar uma mulher que pudesse freqüentar vez ou outra, para aliviar seus instintos incontroláveis. Quando me viu pisar no restaurante Dom G, pensou: "É essa!"

Foi ao nosso primeiro encontro com o intuito de me estudar. Não me olhava nos olhos. Seu olhar percorria os móveis, a parede da sala, não por curiosidade de observador, mas para ocultar os pensamentos febris que fervilhavam em seu cérebro.

Procurava na mente a maneira exata de agir, evitando botar tudo a perder. Assim que me deu o primeiro beijo, mal pôde evitar um arreganhar de dentes, precisou loucamente controlar seus impulsos sádicos. Não podia me bater. Consumou o ato sexual mecanicamente, a mente povoada por fantasias perversas, as mesmas que aciona quando ama a esposa.

Eu devia imaginar o que me esperava pelas marcas roxas de dedos nas minhas ancas, na agonia do orgasmo. A maneira como goza assemelha-se a de um animal: não é humana, é assustadora, com seus arrancos e grunhidos, autêntica convulsão.

Voltou na noite seguinte para o teste definitivo. Tinha que saber se valia a pena, se eu me submeteria às sevícias sexuais. Falava da esposa como empecilho para um envolvimento, não que fosse real, o casamento não lhe importa, mas porque sabe que essa desculpa funciona, as amantes costumam respeitar o controle das esposas, com medo de perder o homem. Tudo calculado. Tudo friamente calculado.

Nessa segunda noite, alegou não poder ficar por causa de um telefonema repentino da mulher, apenas para ver até onde ia a minha vontade de tê-lo. Isso facilitaria a abertura da tara. Quanto mais eu quisesse, e mais difícil ele parecesse, mais facilmente me submeteria. Então passou a examinar meu desejo, e a possibilidade de iniciar as pancadas.

Foi indo devagar. Disse "eu gosto de bater", "você gosta que te chame de puta?" Conforme minha reação teria parado tudo, não teria me lesado, podia sair como entrou.

Começou de leve, não é o tarado que ataca a vítima, a arrasa e depois some. Queria segurança, construiu essa segurança.

Como o aceitei, pôde começar a agir. Ficou duas semanas sem me procurar; como não fui atrás, voltou. Eu sabia o meu papel, desempenhava-o corretamente, era a fêmea certa que ele procurava, acertou na mosca. A sua prostituta!

Quando constatou naquele telefonema — "já começou a tecer fantasias" —, deu um alerta a mim e a si próprio. Não ia ceder a pressões, ia me descartar ao menor descuido. Disse que ligava para conversar e não ligou. Era a mensagem: "Não me relaciono com você, você é rameira que freqüento quando quero." Na noite em que fiz a cena de ciúme, passei a ser uma ameaça, um cancro que precisava extirpar, tinha que se livrar de mim.

Descobri sua falha naquela piscadela que flagrei, e ainda mostrei sinais de possessividade, de envolvimento emocional. Deve odiar esse lado das mulheres. Nunca se comportam adequadamente até o fim! É preciso que ele as controle a cada instante, isso o irrita sobremaneira, não tem paciência, como teria um casanova ou don-juan.

Tentou me descartar delicadamente por medo de escândalo. Nunca deu um motivo plausível porque seu raciocínio não é plausível. Depois quis se livrar de qualquer maneira.

A partir daí retoma sua busca, precisa de outra "prostituta". Continua procurando por ela, cada vez mais desesperadamente. Odeia-me por fazê-lo retomar essa delicada e longa busca...

Esta noite tirou as bandeiras brasileiras do carro, e no vidro traseiro exibe o adesivo de um tigre negro, ameaçador. Isso significa que o "tigrão" atacará esta noite, em algum lugar. Pode-se imaginar que vá caçar suas presas fora do seu terreno, é claro. Talvez tenha concluído que o restaurante nem sempre é um local seguro.

Amanhã as bandeirinhas voltarão a flamular no carro negro.

18 de julho — segunda-feira

Ligo para o escritório da rede do Dom G, e digo ser de uma loja de departamentos. Quero confirmar o endereço de B, porque ele e a esposa fizeram compras a prazo na tal loja. Passam-me endereço completo e telefone da casa dele e do trabalho de sua esposa. Ela trabalha num banco. Penso que deve ser caixa.

À noite ligo para B. Atende-me e fala normalmente ao

telefone. Sabe que fui eu quem rabiscou o banheiro do restaurante. Passa-me um sabão:

— Uma mulher com responsabilidade, com filhos, prestando-se a esse papelão!

Digo que lhe preparo uma vingança. Ele fica de sobreaviso, fala que vai se preparar.

20 de julho — quarta-feira

Termino o relato que escrevi para sua esposa. Penso que talvez ele não perca nada por isso. Talvez ela ache essas páginas mentirosas. Pode não perder nada, mas sentirá remorso e arrependimento.

Vai sentir vergonha, ele morre de vergonha de sua doença, não consegue dominá-la. Esse será o seu castigo. As pessoas vão saber e ainda assim ele não vai poder parar! Vai ser um tarado à vista de todos.

Vou entregar o relato à sua esposa e a outras pessoas do restaurante. Sua esposa não vai acreditar numa palavra, ela é mulher, que mulher acreditaria? Só eu sei o que me custou em integridade e sanidade acreditar! Só consegui porque vivi na carne, porque vi; como ela, eu não acreditaria.

Mas os homens... ah, os homens sabem do que estou falando! Eles podem fingir não acreditar, mas eles sabem, sabem que os canibais existem; os homens trazem em si o germe do canibal que eles são. Só que ele é inteiramente. Por isso B é um maníaco sexual. Essa é a diferença. O homem "normal" transa com uma mulher e a chama de puta, sabendo que ela não é puta, B tem que acreditar nisso! B é inferior, porque não tem espírito...

Eu também vou sentir vergonha, mas B vai sentir vergonha comigo. Nossa depravação não teve limites, talvez eu não seja melhor que B, mas ao menos estava amando. Ao menos eu imprimi paixão àqueles encontros, paixão humana; o garçom B não sabe o que é isso.

Penso como reagirá o seu coração à condição de pai de uma menina. Será capaz ao menos desse amor? Ou como tantos pais que são homens loucos, abrigará no peito a paternidade louca, aquela que um dia confundirá a própria filha com uma dessas mulheres, das mil faces femininas que ele odeia, cada uma de um modo, uma mulher das que é necessário espancar, seviciar, violentar?

Termina assim o meu relato:

"B sairá por aí, seduzindo, humilhando, seviciando, espancando, abandonando e arrasando outras mulheres que cruzarem seu caminho. Outras sentirão a dor que sinto agora. Eu já posso voltar ao normal, meu tempo de loucura já acabou.

Quando consigo me pôr de pé, nesses dias de descoberta tão amarga, e vou ao restaurante Dom G, olhar ainda para o garçom B, o sangue volta misteriosamente a circular pelo meu corpo.

Mas apenas para me lembrar que é dor, dor aguda a que eu sinto. Tenho que olhar para ele não mais com os olhos de uma mulher, mas com os olhos de uma vítima, pra ter total certeza da miséria que descrevo aqui.

No fundo, ronda-me sempre a expectativa de que seu semblante me restitua o estado de espírito anterior; que algo, qualquer sinal nele, me diga que não, ele não é um monstro, tudo isso não passa de um sonho; ele é um homem, sensível, humano, verdadeiro. Um homem que, não sendo perfeito, no entanto, sofre.

Mas a única realidade que me espera, a cada gesto dele, a cada palavra, é a certeza de que estou redondamente certa. O amante que tive é um tarado, um doente. No entanto foi um homem que amei, o meu garçom."

Tiro algumas cópias do relato e endereço, uma por uma.

21 de julho — quinta-feira

Vou entregar o relato para a esposa de B.

Chego à rua que me forneceram: o prédio em questão é pobre, penso que ele é mesmo pobre. Mas no número do apartamento não consta nenhum B nem o nome de sua mulher. Deram-me o endereço errado.

Volto para casa frustrada, ligo outra vez para o escritório e então me dão o endereço certo. Confundiram-se porque o nome das ruas é parecido.

22 de julho — sexta-feira

De manhã, minha empregada vai entregar o relato à esposa de B no seu trabalho, um banco famoso da cidade. Sua agência fica perto de minha casa e do trabalho do marido.

O relato é anônimo, bem como o nome das pessoas envolvidas, a não ser o nome completo de B.

Ao meio-dia, B e a esposa aparecem na minha casa. Mando dizer que saí e não os atendo. O que poderiam querer comigo??

Saio no começo da tarde, para ir ao banco, e estou em pânico. Medo que B me persiga pelas ruas e me mate.

Lá pelas duas horas, mando um menino entregar cópias do relato no trabalho de B: tem cópias para seus dois chefes, os dois gerentes, os dois garçons. Pelo correio envio uma cópia para seu irmão.

B aparece no restaurante por volta das três da tarde e imediatamente pede as contas. Fica rondando minha casa, de carro. Quando minha empregada sai para ir à farmácia, ele a cerca e começa a xingá-la. Os dois discutem na rua.

Às três e meia a esposa liga para minha casa. Não atendo o telefone. Às 7 ele me liga.

— Está satisfeita agora? Não conseguiu nos separar, está satisfeita?

— Por que essa voz tão mansa?

— Eu contei tudo à minha mulher. Disse que tivemos um caso.

— Por que não grita? Não me xinga? Ela está na extensão?

— Não tem ninguém na extensão.

— Contou a ela que me batia?

— Eu nunca bati em você! Você está louca!

— Ah, sei!

— Quero conversar com você. Vou com minha mulher na tua casa.

— Não venha! Não tenho nada pra falar com tua mulher!

— Então vamos dar uma volta de carro. Eu e você. Pra conversar.

— Só se eu for louca! Pra você apertar o meu pescoço?

— Eu jamais faria isso!

— Você é louco!

— E você é a pior mulher que eu já tive!

— Nem venha!

— Pois agora que já desgraçou minha vida, me deixe em paz! Ouviu bem? Me deixe em paz!

24 de julho — domingo

Um de seus chefes procura minha mãe e fala sobre o caráter de B. Diz que ele despreza as mulheres e sempre está metido com alguma, apesar de ser casado. Diz que um dia o avisou que ia cair do cavalo, mas ele sorriu com desdém. Sempre teve as mulheres a seus pés.

26 de julho — terça-feira

TY liga para o irmão de B, dizendo que é a psicóloga dele e que vem fazendo um tratamento há alguns meses. Está preocupada com ele porque percebe instintos violentos, está obcecado com a idéia de matar uma ex-amante.

AD desconfia que seja eu ao telefone, mas acaba conversando com TY. Fala que nunca soube que B fosse violento com as mulheres. Ele teve várias namoradas e nenhuma sequer se queixou de que batesse nelas. Diz também que ele vive muito bem com a mulher.

27 de julho — quarta-feira

Penso que talvez B não tenha deixado a esposa ler o relato inteiro e então envio outra cópia para seu trabalho.

Anexo mando uma caixinha de prata, forrada de seda vermelha, contendo plásticos com as camisinhas que fui colecionando, ao longo da relação com B. Cada uma delas está etiquetada com data.

Mando também uma carta manuscrita e assinada.

28 de julho — quinta-feira

Vou com TY ao trabalho da mulher dele. Descubro que ela é assessora do banco. É uma mulher elegante, porém muito feia, com uma enorme pinta no buço, e está com cara de louca, o que me deixa feliz.

De repente olha para mim, na fila do caixa, e logo saímos dali, TY e eu. Damos uma volta no cemitério e passamos em frente ao prédio de B. É um conjunto de classe média, muito bonito. Falo com o porteiro. Pergunto pelo garçom e ele revela que B viajou, foi para a casa dos pais, no interior do estado.

À noite vou com TY ao Dom G, e percebo que os garçons e gerentes me olham de modo estranho. Tem algo errado com eles, mas imediatamente identifico o quê: estão com inveja da virilidade de B.

Sentamos numa mesa e então reparo num garçom novo, muito bonitinho, que não tira os olhos de mim: deve estar lutando pela vaga de B. Olho para ele e ele sorri com um arzinho de galã.

01 de agosto — segunda-feira

Ligo à tarde para a esposa dele, no banco. Ela me atende e eu falo da conversa que o chefe de B teve com minha mãe. Ela não quer ouvir e bate o telefone na minha cara.

10 de agosto — quarta-feira

Sinto-me muito angustiada por causa de B, que não deu mais notícias. Nunca mais o vi, pricipalmente agora que ele não trabalha mais no Dom G. Continuo apaixonada, e o desejo enormemente.

À tarde vou ao escritório de JL. Transamos mas ele não consegue ereção, como sempre. Quando percebo, está cutucando minha vagina com uma vela.

Saio de lá deprimidíssima e passo o resto do dia na cama.

16 de agosto — terça-feira

Escrevo uma carta para B, pedindo para ele voltar. Prometo que, em troca, desminto toda a história para sua esposa. Para que ela não pegue a carta, envio-a para o irmão de B, pedindo que entregue a ele.

Como estou muito desesperada, abro uma caixa postal no correio próximo de minha casa e compro uma revista masculina. Na seção de cartas, seleciono dois anúncios: um de FK, que pede uma escrava sexual, com direito a relacionamento caso dê certo, e outro, de GS, pedindo parceira sadomasoquista para tratos leves. Sinto uma falta terrível da minha relação sadomasoquista com B.

Escrevo cartas para esses dois homens, contando minha relação erótica com o garçom. Apresento-me como masoquista. Meu pseudônimo é Florbela.

25 de agosto — quinta-feira

Telefono à tarde para a casa de B. Ele não está, falo com a empregada. Mando dizer que ele me ligue ou enviarei o relato para a vizinhança do seu prédio.

26 de agosto — sexta-feira

Escrevo uma longuíssima carta para B, falando inclusive do meu passado, da relação edipiana com meu pai, das relações com meu cunhado. Falo que o amo e imploro que volte pra mim. Vou até o correio postar a carta e encontro uma outra na minha caixa postal: é de GS.

O Garçom B

"Oi, Florbela,

Fiquei impressionado com sua carta. Além de muito bonita, você demonstra uma sensibilidade incrível. Realmente em meu anúncio não esclareço quanto às minhas fantasias, se ativas ou passivas, mas sou ativo. Gosto de ver as expressões de gozo de uma mulher, de fazê-la gritar de prazer, subjugá-la e submetê-la às surpresas que um homem pode executar ao ter uma mulher à sua disposição. E é justamente esta a minha busca, quero alguém que venha a ter confiança o suficiente para se entregar aos meus mais ardentes desejos.

Olha, Florbela, quero amarrar seus punhos para ter seus seios à minha disposição e quero também suas pernas bem separadas deixando seus detalhes mais íntimos à mostra, quero vendar seus olhos e sentir as batidas fortes de seu coração, ansiosa sobre o que vou fazer. Fazer você sentir o frio do metal de uma faca cortando seu sutiã e calcinha, para logo a seguir massagear seu sexo com espuma e, antes que venha atingir o orgasmo, fazer você sentir a rigidez de um aparelho de barbear a depilá-la totalmente, para logo a seguir, com o auxílio de uma vela acesa, fazê-la sofrer com os pingos da cera quente em seu corpo, penetrar em você com meus dedos bem oleados, um, dois, três e talvez todos dentro de você alargando e forçando, acariciando e levando meu pênis à sua boca — pena que ele só tenha 18 cm, mas você o sugará faminta, porque estarei duro o suficiente para penetrá-la onde eu quiser, na hora que eu quiser.

Desamarrarei você e a farei engatinhar com o ânus exposto com uma vela acesa enterrada em você.

Ah! Florbela! Quanto me excito ao pensar nestas coisas, é isto que estou procurando. Quero você se entregando em minhas mãos, confiante e certa de que estará com alguém que fará tudo para ter a satisfação plena em compartilhar e realizar aquilo que quiser. E este teu jeito sonhador, seus traços, me fazem acreditar que você já é minha garota.

Florbela, eu quero você. Eu quero você!

Fico te devendo uma foto minha, prometo que na próxima carta te mando uma. Beijos úmidos de GS.

PS: esqueci de te contar que sou separado, tenho três filhos e ensino Educação Física. Infelizmente estou sem telefone no momento, mas te ligarei ao saber seu número, isto é, caso queira."

Não sei se gostei muito. Acho meio suave demais para um "dono".

27 de agosto — sábado

Logo de manhã uma viatura policial pára em frente à minha casa. Recebo uma intimação para comparecer ao cartório do 2º Distrito de Polícia, para prestar esclarecimentos. Ligo para saber do que se trata, mas não me dizem nada. Devo comparecer na quarta.

29 de agosto — segunda-feira

Respondo a carta de GS e vou até o correio. Na minha caixa postal está outra carta, agora de FK.

Chego em casa e leio a carta, que está datilografada:

"Florbela,

Sou O, a quem você escreveu sob o pseudônimo de FK. Não é Franz Kafka, mas vem dos meus sobrenomes.

O Garçom B

Recebi sua carta e você parece ser uma escrava bastante interessante e bonita. Tem o nome de uma poetisa portuguesa, nascida há 100 anos, cujas poesias eram extremamente dramáticas e que se suicidou aos 36 anos, talvez por não ter encontrado seu amo. O fato de se dizer sensível, feminina e submissa é muito importante e eu pretendo tê-la como minha escrava. Você ainda não precisa chamar-me de SENHOR, *isso eu vou lhe ensinar pessoalmente.*

Garanto que na minha presença você aprenderá rapidamente a me respeitar e temer. Quanto a sua idade, considerando a foto, não vejo nenhum inconveniente. Importante é sua submissão e que você corresponda à descrição que fez de si mesma.

Antes de eu falar sobre nossa relação escrava/senhor, como é a primeira vez que nos correspondemos, creio que devo falar algo sobre mim. Sou exatamente como me apresentei no anúncio, também sou sensível mas, nos momentos de sexo, sou dominador, adoro subjugar uma escrava, exatamente da forma que você procura.

Também tenho um apetite sexual imenso e, como você, me transformo na cama. Tenho quase certeza que encontrou o parceiro ideal pois busco uma mulher que se encaixe na sua descrição.

Fisicamente, além do que disse no anúncio, meu membro tem 20 cm e 14 cm de espessura. Tenho ereção muito prolongada, consigo fazer a penetração por longo tempo sem gozar (já cheguei a meia hora) e quando o faço recupero-me geralmente com grande rapidez.

Gosto de comer minha escrava após seviciá-la, mas saiba que minhas sessões de tortura e sevícia muitas vezes duram horas. Quando estou judiando de uma escrava realmente não tenho pressa.

Quando passarmos alguns dias juntos com certeza você será torturada diariamente, mais de uma vez, e passará quase que integralmente o resto do tempo nua, na humilde posição de escrava, sempre pronta para me obedecer e atender. Nesta situação nunca deixo a cinta longe das minhas mãos. Que fique claro que de hoje em diante você deve simplesmente me obedecer e entregar o seu corpo para minha total satisfação. Como falarei abaixo, pretendo passar alguns dias com você em um apartamento na praia.

Lá você só usará um biquíni quando eu quiser ir à praia contigo, fora isso ficará sempre completamente pelada à minha disposição.

Você não precisaria ter falado de suas partes íntimas, pois a primeira coisa que farei contigo, após lhe dar as minhas regras, será amarrá-la e submetê-la a um longo e humilhante exame de todo seu corpo, principalmente das partes íntimas, que ficarei conhecendo nos mínimos detalhes. Neste mesmo exame testarei todas as suas reações aos mais diversos toques, nas mais diversas posições. Terminado o exame passaremos a um rigoroso interrogatório onde, entre humilhações, chibatadas, tapas e torturas íntimas, não tenha dúvidas que você me contará seus mais íntimos segredos, desejos e principalmente os castigos dos quais tem medo, pois estes são os mais eficientes para submetê-la de forma eficaz às minhas vontades.

Tenho sempre grande prazer em submeter minha escrava a exames ginecológicos demorados e humilhantes. Gosto de ver a escrava se desesperar com a demora. Coloco uma luva cirúrgica, amarro as pernas abertas e faço o exame com a penetração profunda do dedo, alternando com um vibrador. Às vezes uso aparelhos ginecológicos. É comum eu penetrar ao mesmo tempo, com a outra mão, também o ânus. Isso causa grande desconforto e humilhação e é grande prazer para mim. Uso muito isso como forma de tortura.

Outro castigo que me traz prazer é amarrar a escrava

como se estivesse em um pelourinho e então bater, às vezes com a mão, outras com o chicote. Nesta posição também gosto de penetrar o ânus com um vibrador. Durante os castigos e torturas é comum eu deixá-la de olhos vendados e boca tampada. Você será proibida de ficar retesada, coisa que não admitirei de forma nenhuma, enquanto a estiver tocando ou torturando, seja de que forma for. Aprecio muito deixar minha escrava em posições humilhantes, de quatro por exemplo, ou de joelhos na minha frente. Muitas vezes deixo-a deitada e amarrada por longo tempo, de olhos vendados, na expectativa, sem que nada aconteça. Em momentos intercalados e de forma inesperada, dou-lhe uma chicotada, tapa ou aplico algum castigo físico como mordidas, principalmente no bico dos seios, por exemplo, e torno a deixá-la na incerta espera de algo. Se eu tiver vontade de penetrá-la o farei com bastante rudeza, literalmente estuprando-a, enquanto espremo o bico dos seios.

Você quase sempre será despida por mim, mas às vezes exigirei que você mesma o faça e depois desfile exibindo-me seu corpo. Usará uma coleira no pescoço e sempre estará de alguma forma amarrada, geralmente nos pés, para dificultar seus movimentos.

Será proibida de usar a palavra NÃO e a desobediência desta regra será severamente castigada. Em pouco tempo você não ousará sequer pensar na palavra NÃO. Salvo ordem em contrário, quando estiver sentada ficará sempre na minha frente e no chão. Jamais ouse levantar os olhos.

Apesar de escrava eu lhe dou alguns direitos:

A — Nunca sofrer um castigo ou tortura que possam prejudicar sua saúde.

B — Ser preservada de uma eventual gravidez, caso você, por alguma razão, não tome anticoncepcionais.

C — Não ser submetida, dentro do que EU achar

razoável, a qualquer castigo asqueroso, pois quero que você fique com constante tesão a ponto de me implorar que eu a satisfaça.

Fora isso, você vai obedecer-me incondicionalmente, submeter-se às minhas vontades, a ponto de sentir que seu corpo e sua vontade me pertencem. Salvo num interrogatório, acredito que não se precisa falar muito com uma escrava, o chicote faz isso com muito mais propriedade.

É uma pena que você more em outra cidade, contudo isso não impedirá nosso relacionamento. Qual é a sua disponibilidade de tempo? Eu QUERO que você venha passar, pelo menos, um fim de semana comigo, no apartamento já mencionado. Se puder, pode ser por um tempo um pouco mais longo, talvez uma semana. Neste encontro, além de nos conhecermos intimamente, poderemos acertar como faremos no futuro. Acredito que você gostaria, antes de vir, de falar comigo por telefone. Pode ligar. Você me encontrará em casa sempre após as oito e meia, ou nos fins de semana, à tarde.

Ligue de forma discreta, pois tenho dois filhos (já grandes) e minha mãe também mora conosco. Fone (...)

Enquanto isso, envie-me uma foto de corpo inteiro, se possível de biquíni ou nua mesmo. Se não tiver, envie uma foto normal.

Hoje eu lhe dei meu telefone. Assim que você mantiver contato, eu lhe darei também, para sua segurança, meu endereço completo. Afinal, apesar de escrava, você precisa ter alguma segurança antes de vir. Tenho certeza absoluta que você não se arrependerá. Durante a viagem de minha cidade à praia, que leva aproximadamente uma hora, poderemos conversar, para nos conhecer melhor.

Você passará a ser minha escrava assim que chegarmos à cidade de praia. Isso deve acontecer em breve.

O Garçom B

Faça contato ainda hoje e me escreva, contando detalhes sobre as formas que o seu antigo amo a castigava.

Seu SENHOR, O."

Fiquei impressionada com a carta. Esse homem parece extremamente cruel. Anexa está uma foto em preto-e-branco, do rosto. Não é um homem bonito, é loiro e de olhos claros, lábios cruéis.

Estranhamente sinto-me protegida. Pertencer a outro homem, ter um dono, reconhecidamente, é algo que eu quero.

Preciso acabar com a obsessão por B. Talvez esta seja a minha chance.

30 de agosto — terça-feira

Vou ao escritório de JL, pois preciso de um advogado. Ele se recusa a me atender, pois nos envolvemos durante meu caso com B. Além do mais é casado e sua esposa sabe de nosso antigo namoro.

Em troca de me passar para um colega, que não cobrará o trabalho, tenho que dormir com ele. Apesar de deprimida, entro em contato com o advogado. Conversamos ao telefone. Ele pede que eu lhe conte TUDO, sem omitir nenhum detalhe. Não irá comigo à delegacia amanhã, e manda que eu não assine nada. Pede testemunhas de que B me batia.

31 de agosto — quarta-feira

De manhã, saio de casa em direção à delegacia. Vejo B em seu carro. Ele corre muito e não me vê.

Na delegacia, sou recebida pela delegada e um escrivão. Ela é uma mulher austera e muito bonita. B estará interessado nela?

A delegada me diz que B acabou de sair dali, deixando com ela a última e longa carta que lhe escrevi. Vejo os papéis sobre a mesa. Diz que a esposa de B nem se deu ao trabalho de ler até o fim. Ela se diz chocada; por que uma mulher inteligente como eu está apaixonada por um coitado como B, que nem sabe falar direito? Ela tem diante de si o relato que escrevi, diz que escrevo direitinho; como pode??

Fala que eu tenho que desistir dele, pois ele já fez sua escolha. Escolheu a esposa, óbvio, é casado com ela e tem uma filha. Os dois deram a queixa e a idéia parece ter sido dela. Não acredita no que escrevi, prefere acreditar na inocência do marido.

Enquanto a delegada lê o relato, o escrivão senta-se ao meu lado e começa a conversar. Diz pra eu chorar, gritar, fazer o que der vontade ali, está ali para me ouvir. Pergunta se estou ainda apaixonada. Respondo que sim. Diz que se eu não deixar B em paz, posso ser presa. Fica discorrendo sobre as desgraças da prisão, de perder a liberdade.

A delegada acaba de ler o relato e comenta:

— Esse homem ainda vai acabar matando alguém!

Não assino nada. Eles ameaçam fazer uma acareação, entre B e eu. Duvidam que eu diga a verdade, a respeito das surras e maus-tratos. Ou fingem duvidar...

À tarde, ligo para LN, no seu trabalho. Digo que não tenho medo de sua polícia. Estou transtornada e humilhada.

Às seis horas recebo nova intimação, com ameaça de prisão. Minha mãe me entrega o papel chorando. Está com vergonha e medo. Ligo para a delegada e digo que não telefonei para LN. Combinamos o depoimento para outra semana. Irei com o advogado.

À noite ligo para O. É simpático e doce ao telefone, nem parece o mesmo que escreveu a carta. Tenho dúvidas a respeito desta, mas fico com vergonha de perguntar por telefone.

Respondo a carta e anexo uma foto qualquer, de corpo inteiro. Escrevo sobre minhas dúvidas: serei obrigada a passar pelo castigo de receber um vibrador no ânus?? Correrei risco de mutilação? Não poderemos conversar, isso está proibido? Poderei ter orgasmo? Em que lugares serei espancada? Escrevo uma longa carta, pedindo para me sanar as mais diversas dúvidas.

01 de setembro — quinta-feira

Vou ao correio postar a carta para O e encontro a resposta de GS. Ele diz que está confeccionando dois bastões para me imobilizar, mas depois perde-se em devaneios voyeuristas e exibicionistas e isso me desestimula. Desisto de GS.

Começo a procurar as testemunhas que o advogado pediu: uma amiga do ateliê de gravura, pra quem eu sempre mostrava as marcas roxas, se recusa a depor. Minha melhor amiga, LK, se recusa a depor. VA se recusa a depor. L quer depor, mas é menor. TY se recusa, bem como Y e M.

As únicas testemunhas que consigo são minha empregada e a mãe de uma vizinha, que nunca soube nada da história, mas se oferece.

5 de setembro — segunda-feira

Volto à delegacia, para novo depoimento. Vou com JH, meu advogado. Somos recebidos pelo escrivão.

Por instruções de JH nego ter mandado o relato, e até tê-lo escrito. Nego ter enviado a caixa com camisinhas para LN.

Quero ler os autos, mas não me permitem. Descubro que LN e B têm um bina, e gravaram meus telefonemas. Tenho passado diversas ligações mudas para a casa deles, e por instrução de JH, tenho que parar com isso. Em compensação, tenho recebido ligações mudas, várias vezes por dia, até de madrugada.

8 de setembro — quinta-feira

Recebo nova carta de O:

> "*Florbela,*
>
> *Considerando que você aceitou ser minha escrava, esta será a última vez que lhe darei satisfações. Procurarei fazê-lo de forma bastante clara para que não restem dúvidas, respondendo todas as suas perguntas.*
>
> A — *Você será penetrada durante as sessões de sevícia sempre que EU assim o desejar. O orgasmo lhe será dado sempre que seu SENHOR julgar que você o mereça.*
>
> B — *Quando digo que ficará nua é porque ficará nua mesmo. Escrava não precisa de roupa. Se eu quiser que você use algo, eu direi, mas em princípio só usará roupa quando sairmos.*
>
> C — *Durante os interrogatórios ou torturas você geralmente ficará com as mãos amarradas e presas sobre a cabeça, portanto totalmente à minha disposição. Se você estiver de bruços, poderá eventualmente esfregar-se na cama ou no local em que a estiver torturando. Quando eu quiser que você se masturbe, soltarei uma das suas mãos e ordenarei que o faça. Quanto a gemer e a gritar haverá vezes em que eu o permitirei, outras não.*

D — Gosto de bater principalmente na bunda; na vagina só quando eu julgar que você mereça um castigo mais forte. Já nos seios eu NÃO BATO, *visto que isso pode lhe prejudicar futuramente. Nos seios os castigos serão nos mamilos. Quando você estiver amarrada no 'pelourinho', então a surra será por todo o corpo, respeitados os limites.*

E — Durante as torturas, poderei estar nu ou não. Depende do momento. Às vezes fico vestido, pois isso vai humilhá-la ainda mais. Haverá momentos em que você poderá me ver nu. Aí receberá ordem para brincar com meu pau. Quanto a chupá-lo, será uma das suas obrigações, assim como me massagear e acariciar meu corpo e exibir o seu da forma que eu desejar.

F — Na cópula, eu digo que será sempre um estupro, pois não lhe perguntarei se você está a fim ou não, simplesmente o farei. Quanto ao direito de sentar no membro e rebolar à vontade, talvez eu lhe dê como prêmio se você for bem-comportada.

G — Quanto à penetração anal com o vibrador, não se preocupe, eu passo vaselina, você agüenta. Como pode ver, você já me deu uma boa dica de como castigá-la se merecer. Será uma boa escrava graças ao medo desta tortura. Se eu a estiver torturando com o vibrador no cu, então será castigo, e castigo não é pra ser bom, é pra castigar.

H — As mordidas nos mamilos e em qualquer outro lugar sempre terão controle, jamais vão causar ferimentos, nem graves nem leves.

I — Você nunca será amarrada de qualquer forma que possa prejudicá-la. Não há o menor risco de você sofrer qualquer tipo de mutilação, afinal, esse jogo é para dar prazer e não para mutilar. Nenhuma das minhas torturas farão em você qualquer ferimento que possa sangrar, por pouco que seja.

J — *A camisinha será sempre usada no ato da penetração.*

K — *Caso sentir que seu tesão foi cortado, nada como uma boa surra na bunda ou na xoxota para ele voltar rapidinho.*

L — *Quanto a não conversar, isso se limita às horas em que você for minha escrava. Socialmente a tratarei da melhor forma possível. Pode acontecer de irmos à praia e de eu querer levá-la na condição de escrava. Neste caso, deve me obedecer e aí sim só falar quando autorizada. Enquanto você for escrava, não admito questionamentos. Quando formos à praia nesta situação, você irá de biquíni, já que não posso levá-la nua.*

M — *Nossas horas de sexo serão bem longas, podendo durar toda uma noite ou um dia. Gosto de intercalar torturas com intervalos durante os quais você terá que me servir. Uma das suas funções será me dar banho e manter meu pau sempre duro. Quando eu gozar você tem meia hora para me deixar de pau duro.*

N — *Você pode ter absoluta segurança que não será lesada fisicamente, muito menos correrá risco de vida ou qualquer acidente. Pode esquecer seu medo, você será tratada com severidade, mas nada que a prejudique. Alguns castigos causarão humilhação, outros o deleite da dor ao qual você se refere, mas não correrá nenhum risco. Nada será feito que possa ser considerado insuportável.*

O — *Já que você está aguardando minhas ordens, vá* HOJE *tirar uma fotografia de corpo inteiro: calça jeans e blusa justa. Quero esta foto comigo em 5 dias. A que você me mandou deve ser brincadeira, como posso ver seu corpo que agora me pertence numa foto tão pequena e pouco clara?*

Finalmente quero mais uma vez deixar claro que fora da brincadeira você será tratada com toda consideração, principalmente em público. Agora, quando estivermos a sós, quem decide quando começa e quando acaba, sou EU.

Quanto a minha foto nu, como você, na condição de escrava, ousou fazer tal pedido? Assim que tiver você nas minhas mãos, verá o que penso desta sua ousadia. Você verá meu pau quando eu achar conveniente.

Mande a foto, estou aguardando e prepare seu corpo para me servir. Seu SENHOR, O."

Estava muito deprimida por causa de B e a carta teve o poder de sacudir a depressão. Mais animada, faço as unhas dos pés e mãos.

Fico sonhando com o meu novo senhor: imagino o apartamento da praia como um lugar sofisticado, uma cama com dossel, à qual ficarei amarrada, apetrechos sadomasoquistas negros, de couro e veludo, de metal e seda.

Fico desestimulada em saber que é apenas um "jogo", como ele diz na carta. Com B era verdadeiro, ele era realmente o meu dono, e embora eu tenha tentado quebrar isso, jamais consegui.

B não se preocupava em não me lesar, física ou psiqui camente. O é cuidadoso, mas talvez seja melhor assim. Tenho que me aprimorar.

9 de setembro — sexta-feira

Pinto o cabelo de loiro e tiro as fotos para O: uma de calça jeans e blusa justa, como ele mandou e as outras bem sensuais: de espartilhos e cinta-liga.

10 de setembro — sábado

Fico sabendo que B está freqüentando o Dom G. Também foi visto no supermercado e na farmácia, diversas vezes.

Tenho fantasias eróticas com ele: estamos em seu carro, fazendo amor, mas surpreendentemente ele não me bate. Ao contrário, está carinhoso e diz que me ama.

O me liga à noite. Marcamos encontro para o dia 13 de outubro, ele irá viajar antes. Dá seu endereço completo e me conta que é analista de sistemas. Tem 45 anos e 1,80m de altura.

Pergunta se quero trocar os papéis, se quero ser a "rainha" em vez de escrava. Isso me ofende, por que pergunta isso?? Acaso quer ser escravo? Responde que isso é normal, trocar os papéis...

Digo que não, não quero e fica tudo bem. Mas está plantada a dúvida: que espécie de sádico é O?

12 de setembro — segunda-feira

Escrevo uma carta ensandecida para um dos ex-chefes de B. Peço-lhe que não o deixe mais freqüentar o Dom G, pois sinto-me no direito de ir ao restaurante e não quero encontrá-lo por lá.

Não recebo nenhuma resposta.

Envio as fotos para O.

16 de setembro — sexta-feira

Recomeço os telefonemas mudos para B, só que agora de um telefone público. Fico ouvindo a voz dele. Os telefonemas anônimos para minha casa também continuam.

Um dos ex-chefes de B, o tal para quem mandei a carta,

fala com minha mãe: conta do relato, impressionado com as descrições de posições sexuais e sangramento. Sugere que eu faça uma viagem para esquecer B.

28 de setembro — quarta-feira

O liga para confirmar o encontro no dia 13. Pergunta meu verdadeiro nome, mas depois decide continuar me chamando de Florbela.

30 de setembro — sexta-feira

À tarde, vou ao escritório de JL. O tal advogado me abandonou e não há mais nada que ele possa fazer; a não ser fazer amor. Além de impotente, me acaricia muito e diz que para mim só tem carinho, pois em mulher não se bate.

12 de outubro — quarta-feira

O liga para confirmar o encontro. Fica dizendo ao telefone tudo que vai fazer comigo. Passo a noite com enxaqueca, estou com medo de ir.

Ainda posso desistir, mas não quero.

13 de outubro — quinta-feira

De manhã vou ao cabeleireiro e à uma da tarde parto para a praia de O. Chego lá pelas seis horas. O me espera na rodoviária. Tenho uma profunda decepção quando o vejo: é muito mais velho que na foto, deve ter mais de 50 anos. Tem barriga e é narigudo. Sua cara é vermelha.

Ele também parece decepcionado comigo, pois sugere que eu compre já a passagem de volta, para o dia seguinte. Compro a passagem, ele não paga. Não está de carro, o que me dá um profundo cansaço. Tomamos um ônibus até a sua praia.

Entramos no apartamento. É simples, nada da sofisticação que eu sonhava. As janelas da sala estão vedadas com cobertores.

Não estou mais a fim de ser sua escrava. Tento conversar, mas ele fica nervoso:

— Até parece que o escravo sou eu!

Finalmente concordo em ser sua escrava, afinal estou ali para isso. Então ele me manda tomar um banho e vestir o biquíni. Leva-me para o banheiro da empregada e ali tomo uma ducha. Visto um maiô e aguardo-o no quarto de empregada.

Em alguns minutos ele aparece, totalmente vestido, e me dá uma bronca porque estou de maiô e não de biquíni. Explico que só trouxe maiô, e ele fica furioso. Abaixa a parte de cima e me belisca um mamilo com muita força.

Coloca-me uma coleira no pescoço, de couro. Puxa-me por ela, e leva-me para a sala onde estaca e aplica-me um tapinha no rosto. Coisa mais sem graça.

Vamos para o quarto. Muito simples, com duas camas de solteiro. Amarra-me de frente para uma das portas do armário, o seu "pelourinho". As mãos estão bem erguidas acima da cabeça. Meus olhos são vendados. Com um chicote, bate-me violentamente nas nádegas e nas coxas. Prende os mamilos com dois grampos de roupa, o que causa muita dor.

Mais tarde, bate-me com um chicote menor, nas nádegas e mamilos. Esfrega um ungüento na vagina e nos mamilos. Depois esfrega-o no próprio pênis. Manda então que o masturbe até que ejacula.

Agora amarra-me na cama, de pernas abertas, ainda com

os olhos vendados. Com uma vela, desenha um "sutiã" de cera quente em meus seios. Enfia um vibrador em minha vagina, fechando-me as coxas, e estimula-me até eu atingir o orgasmo.

Depois disso quero conversar, então saímos para jantar. Na mesa, olha-me e diz que sou uma pessoa ótima, decente. Conta-me que morou na Alemanha durante 15 anos e lá freqüentava clubes sadomasoquistas. Fala de uma ex-amante com quem terminou o relacionamento há seis meses. Diz que sente falta dela. Na verdade colocou o anúncio na revista pensando em substituí-la.

Voltamos para o apartamento.

Diz que não me quer mais como sua escrava. Diz que sou verdadeiramente masoquista mas estou presa a B. Quero ter todas essas experiências, mas é com B que quero. Ele não pode fazer nada por mim.

Manda-me dormir no outro quarto, sozinha. Atravesso a noite com insônia e chorando. Sinto a dor do meu amor profundo e desgraçado por B.

Estou magoada.

14 de outubro — sexta-feira

Levanto cedo e vou embora. O não me acompanha à rodoviária. Diz que posso ficar se quiser, uns amigos irão chegar e posso ficar ali. Mas não quero. Não sei o que fui fazer ali.

Ele devolve minhas fotos e então começo a chorar.

Fico vagando pela rodoviária até dar uma hora, quando então parto de volta à minha cidade.

Em casa, vou direto pra cama, onde permaneço por três meses, só saindo raras vezes, quando necessário, ou para ir ao psiquiatra.

O deixou grandes hematomas em meu corpo, sobretudo na parte interna das coxas. Isso me humilha profundamente.

Amarro um elástico ao redor dos mamilos e começa a sangrar, a borracha apertando sem controle. Quase me mutilo.

25 de outubro — terça-feira

Pego meu último centavo e tomo um táxi. Passo devagar em frente ao apartamento de B.

O dinheiro da pequena herança que recebi, quando meu pai faleceu em 1992, acabou. Nesse mesmo dia, TY me dá as costas.

01 de novembro — terça-feira

Um escrivão do 2º Distrito me chama. Levanto da minha cama e compareço. Quer saber detalhes de meu relacionamento sadomasoquista com B.

Ele admira B, diz que é um homem que conhece as mulheres e sabe como lidar com elas. Diz que ele não deve ser sádico, mas descobriu em mim a veia masoquista e então alimentou a minha fantasia. Acha que B só errou em me abandonar. Se fosse ele, disse, agora é que me escravizaria mais.

Entra na sala a advogada de B e LN. Ela quer que eu assine uns papéis, pois eles estão querendo levar o caso à justiça. Serei processada por calúnia, injúria e difamação.

Descubro que B é sustentado pela esposa. Tenho acesso aos autos: o nome de LN sempre aparece primeiro, seguido pelo de B. Seu trabalho de garçom consta como temporário.

2 de novembro — quarta-feira

Preciso de outro advogado. Recorro a um velho amigo de meu pai, dr. AB. Ele lê meu relato e aceita o caso. Inflama-se:

— Eu sempre soube que você se deixa dominar por paixões!

Manda que eu retome minha vida normal, que volte ao ateliê de gravura. Não posso fazer isso. Continuo de cama. A depressão não cede mais.

Na farmácia, encontro LN. Ela fica me encarando. No carro, o maridinho a espera. Não olho para ele.

5 de novembro — sábado

Fiquei sabendo que L arrumou uma namorada. Confessou que é lésbica e que todo esse tempo foi apaixonada por mim. Isso me embrulha o estômago.

Hoje fico sabendo de mais novidades com respeito às amigas que tive nesse período conturbado: M vem me contar fofocas.

Diz que TY foi traficante e presidiária, e que é assassina; fala ainda que foi testemunha de um crime de morte cometido pelo marido dela. Ajudou a enterrar o corpo. O marido também é falsário; o irmão de M é um dos traficantes de drogas mais procurados pela polícia e está escondido na casa dela. Até apareceu na televisão.

7 de novembro — segunda-feira

Ligo de casa para B. Ninguém fala, mas creio que meu monólogo está sendo gravado: xingo-o de gigolô e sua mulher de cafetina.

12 de novembro — sábado

Fico sabendo que B está no Dom G. Cinco horas da tarde.

Ligo e mando chamá-lo. Ele atende e pergunto o que está fazendo ali. Não responde e desliga o telefone.

Está chovendo muito. Levanto da cama e saio na chuva, com uma sombrinha. Paro no ponto de táxi. Vejo a hora que ele sai, tão lindo, meu Deus! Caminha a pé em direção à sua casa. Tomo um táxi e vou atrás. Mas o perco de vista. Passo em frente à casa dele mas não o vejo mais.

20 de novembro — domingo

À noite vou comprar algo no Dom G. No balcão, a meu lado, está B. Não olho para ele, mas sinto seu olhar pousado em mim. Não fala nada. Simplesmente se afasta e entra no balcão.

A paixão revive em mim, sinto o coração disparado e saio. Vou ao PL, onde ponho-me a beber e a chorar.

Sonho com B, que tudo vai voltar a ser como antes.

Dezembro de 1994

Tenho os laudos médicos sobre minha doença maníaco-depressiva e o caso sadomasoquista com B:

De meu psiquiatra: "(...) Este quadro nosológico, em determinados períodos, pode comprometer seu entendimento e seu juízo crítico da realidade".

Do dr. Z, psicanalista: "(...) A paciente padece de uma doença depressiva bipolar crônica, com várias tentativas suicidas e internamentos em períodos de risco. A par de fatores biológicos predisponentes de sua doença, o fator psicológico preponderante no desencadeamento de suas crises são decepções amorosas de relacionamentos ingênuos, muitas vezes.

Acompanhei seus relatos sobre o relacionamento (...) e posso informar que se tratou de uma união sadomasoquista extremamente destrutiva que precipitou sua última crise depressiva e seu comportamento inconseqüente repleto de ódio pela decepção. Penso que, pelo perfil do envolvimento, a contraparte possui também responsabilidade pelas conseqüências danosas do desfecho que, avalio, poderiam ser mais trágicas".

Da parapsicóloga: "(...) durante nosso trabalho, desenvolvemos uma abordagem parapsicológica de conteúdos conflitivos da cliente, tais como: (...) indução a estados mais profundos de sua consciência para trabalhar conteúdos que, conforme relatou, afloraram.(...) entre os quais, alguns referentes a alguém, por ela identificado como B, que sugeriram possibilidade de regressão a vidas passadas, objetivando a libertação da relação que mantinha com esse mesmo indivíduo, a qual considerava sadomasoquista. Durante esse período relatou que utilizava antidepressivos, fazia psicanálise e recebia ameaças de B contra sua segurança e de seus filhos e, inclusive, era vítima de agressões físicas".

O dr. AB quer me defender em juízo apoiado na minha depressão bipolar, que me tornaria incapaz e irresponsável.

Janeiro de 1995

Recebo nova intimação policial para prestar declarações complementares. Vou à delegacia com o dr. AB.

Por instrução dele, a toda pergunta do novo delegado respondo dizendo que só vou declarar em juízo.

Agosto de 1996

O caso estacionou, jamais foi parar na justiça.

Passei esses dois anos me automutilando, fazendo feridas na cabeça. Dedico minha vida exclusivamente a meus filhos. Abandonei a pintura, e apenas raramente volto ao ateliê de gravura. Na maior parte do tempo escrevo.

À noite, um dia desses, vejo B com sua esposa e filha no supermercado. Ele empurra o carrinho e a mulher vai na frente, escolhendo os produtos nas prateleiras.

Ele olha para os lados e para trás, à caça de alguma coisa. Uma mulher? Continua bonito, mas ela, como eu, está feia e gorda.

Soube que não trabalha mais como garçom, mas como segurança numa firma.

Meu coração ainda dispara quando olho para B, ele não me vê, mas eu ainda o tenho na cabeça e na alma. Penso pouco nele, mas quando penso num homem, é sempre sua figura que me vem. Os outros homens são todos desinteressantes, sexo e amor para mim é B.

Aqui termina a minha história. Terminou nosso relacionamento, mas eu continuei.

Saber que minha alma jamais vai encontrar a sua alma, saber que meu espírito vaga, olhos terrenos, à procura do fantasma do seu espírito, essa é a minha dor mais profunda.

Essa é a minha mais íntima solidão.

Impresso no Brasil pelo
Sistema Cameron da Divisão Gráfica da
DISTRIBUIDORA RECORD DE SERVIÇOS DE IMPRENSA S.A.
Rua Argentina 171 – Rio de Janeiro, RJ – 20921-380 – Tel.: 585-2000